AF346730

NOTICE BIOGRAPHIQUE

SUR

M. LOUIS-ALBAN GANIVET

Alban GANIVET
AVOCAT

Député de la Charente
A^{en} Vice-Président du Conseil de Préfecture
Chevalier de la Légion d'Honneur

NOTICE BIOGRAPHIQUE

SUR

M. LOUIS-ALBAN GANIVET

DÉPUTÉ,

Conseiller général du canton d'Hiersac,
Ancien Vice-Président du Conseil de préfecture
de la Charente,
Ancien Bâtonnier de l'ordre des avocats d'Angoulême,
Chevalier de la Légion d'honneur,
etc., etc.

(1819-1888)

PAR

Adolphe MAVET

ANGOULÊME

IMPRIMERIE ROUSSAUD
Rue Tison d'Argence, 3.

—

1890

AVANT-PROPOS

—

Nous ne voulions primitivement faire précéder cet ouvrage d'aucun avant-propos, ni préface.

Si nous sommes revenu sur cette détermination, c'est que nous avons cru nécessaire d'en expliquer le but et la disposition.

M. Ganivet est mort prématurément, en 1888, mais, du moins, il a laissé derrière lui un passé de labeur dont le souvenir méritait d'être conservé à la reconnaissance des populations qu'il a eu le constant souci de servir.

Telle est la pensée qui nous a guidé dans la confection de cette notice.

Nous y avons retracé, aussi fidèlement que possible, la vie si bien remplie de l'homme pour lequel amis et ennemis, partisans et adversaires, ont toujours professé une égale estime.

Nous l'avons pris au berceau, pour le conduire, à travers le collège, l'école et le barreau, aux fonctions administratives qu'il exerça avec tant de tact et de distinction.

Nous avons insisté sur son rôle au Parlement, parce que c'est là qu'il a pu servir le plus efficacement ses concitoyens et son pays.

Nous l'avons suivi au sein du Conseil général, dont on peut dire qu'il fut une des lumières.

Nous avons rappelé la part que, pendant quarante ans, il prit à tout ce qui, de près ou de loin, toucha aux intérêts de la ville d'Angoulême et du département de la Charente.

Mais cet exposé n'aurait pas été complet, si nous ne lui avions adjoint un APPENDICE, contenant quelques-uns des principaux discours que M. Ganivet prononça au cours de sa longue carrière.

Rien, en effet, ne nous a paru susceptible de le faire mieux connaître.

Le choix, toutefois, en était difficile. La seule préoccupation que nous ayons eue est celle de faire apprécier la souplesse d'un talent dont nul n'a jamais contesté l'autorité.

Le discours prononcé au concours régional est une page de science économique et agricole ; les discours sur les papiers, sur le privilège des bouilleurs et sur le vinage des vins, touchent à des intérêts trop locaux pour ne pas mettre en relief, mieux que tous autres, la conscience et le savoir que le député d'Angoulême apportait au service de ses commettants ; le discours de Vars marque la constance de sa foi politique ; enfin, l'oraison funèbre de M. Jules André jette une lueur de poésie et de sentiment sur l'image forcément un peu sévère que nous avons tracée.

Si, grâce à la coordination de ces éléments, nous avons réussi à faire revivre, si peu que ce soit, l'œuvre de M. Ganivet, le résultat aura dépassé nos visées les plus ambitieuses.

Mais si, moins heureux, nous ne sommes parvenu qu'à élever un monument à sa mémoire, nous nous consolerons en pensant que le souvenir de ceux qui l'ont connu ne manquera pas de suppléer à l'insuffisance de notre effort.

A. M.

NOTICE BIOGRAPHIQUE

SUR

M. LOUIS-ALBAN GANIVET

1819-1888

CHAPITRE Ier.

JEUNESSE. — BARREAU. — CONSEIL DE PRÉFECTURE.

Louis-Alban Ganivet naquit, le 12 août 1819, de Pierre Ganivet et de Catherine Sardin de Fonfais de Lassoutière.

La famille Ganivet, originaire du canton d'Aubeterre, était établie depuis longues années à

Angoulême, où le père et le grand-père de M. Pierre Ganivet exerçaient la profession d'avoué.

Les Fonfais de Lassoutière appartenaient à l'arrondissement de Confolens, qui s'honore de compter encore plusieurs de leurs membres parmi les représentants de ses familles les plus anciennes.

A l'époque de la naissance de son fils, M. Pierre Ganivet occupait, depuis dix ans, au barreau d'Angoulême, une place que son tempérament de jurisconsulte, son goût inné pour l'étude et le désintéressement de sa nature d'élite devaient insensiblement élargir, jusqu'à lui faire atteindre le premier rang.

Maire provisoire d'Angoulême, à la fin de juillet 1830, il fut nommé conseiller de préfecture de la Charente, le 13 août de la même année, fonction qu'il exerça pendant plus de quinze ans, sans abandonner sa profession d'avocat. Le 30 août 1831, il fut fait chevalier de la Légion d'honneur. Enfin, dix-sept ans plus tard, en 1848, il fut élu bâtonnier de l'ordre qu'il illustrait, depuis près de quarante ans, par l'élévation de son caractère, sa profonde connaissance du droit et une clarté d'élocution, qui jetait la lumière au cœur des procédures les plus ténébreuses.

Le 9 juin 1861, il mourut, âgé de soixante-dix-huit ans, entouré de l'estime et de la considération

de tous, avec la suprême satisfaction, au milieu
des joies que lui donnait le reste de sa famille,
d'avoir vu son fils Alban le suivre pas à pas dans
la carrière qu'il avait glorieusement parcourue,
s'inspirer de son exemple, s'élever par des chemins
pareils — car rien n'est plus saisissant que la
similitude de ces deux carrières — jusqu'aux
honneurs qu'il avait goûtés, satisfaction certainement doublée au spectacle des promesses d'avenir
que l'horizon ne pouvait manquer de découvrir à
la lucidité de son heure dernière.

Louis-Alban Ganivet avait en effet, dès la plus
tendre enfance, fait honneur à la famille distinguée
dont il était issu. Son esprit droit et ferme, la
sûreté de jugement, la rectitude des idées, l'amour
de la clarté, qui furent, à tous les échelons de sa
carrière, les instruments merveilleux de son
labeur, se révélèrent avec les premières années de
sa vie et ne firent que se développer au contact
des circonstances.

Placé de bonne heure au collège d'Angoulême,
qui ne fut élevé que plus tard à la dignité de lycée,
mais dont les classes ne jouissaient pas pour
cela d'une réputation inférieure à celle qu'elles
méritent si justement aujourd'hui, Alban Ganivet
se plaça du premier coup au rang des meilleurs
élèves. Pendant tout le temps qu'il passa sur les
bancs du collège, les lauriers ceignirent chaque

année sa jeune tête, et, à seize ans, couronnement de ses succès universitaires, il fut reçu bachelier, ce qui, pour l'époque, dut sembler voisin du prodige.

Quand son esprit eut acquis, dans le développement de ses études littéraires, une maturité jugée nécessaire pour aborder celle du droit, on l'envoya à la Faculté de Poitiers. Là encore, il sut réussir à merveille, conquit ses grades avec rapidité, et, le 10 août 1840, soutint sa thèse de Licence, qui fut reçue avec éloge (1).

Son goût particulier pour la langue de Cujas se manifesta, dès cette époque, d'une façon assez déterminée pour influencer heureusement le choix de sa carrière.

Issu d'une famille de robe, élevé dans l'amour du droit et le respect de la jurisprudence, aiguillonné par les palmes qu'il venait de cueillir dans les parterres académiques de l'Ecole, la profession d'avocat lui parut la seule qui fût digne de ses ambitions juvéniles.

On est d'ailleurs toujours un peu le fils de son père, et Alban Ganivet avait trop sujet d'être fier

---

(1) « L'éloge » n'est décerné qu'aux examens subis avec unanimité de boules blanches, la boule représentant la note de chaque examinateur et pouvant s'interpréter ainsi : boule *noire*, mal ou médiocre ; boule *rouge*, passable ou assez bien ; boule *blanche*, bien ou très bien.

du sien pour oublier que bon sang ne peut mentir.
En pleine école, dans une de ses leçons publiques,
M. Pervinquières, alors doyen de la Faculté de
Droit de Poitiers, n'avait-il pas, devant le fils,
rendu un hommage flatteur à la science de l'éminent jurisconsulte, dont la renommée s'étendait
bien au delà du ressort où s'exerçait son talent?

De tels souvenirs ne s'effacent pas, et, comme le
dit fort exactement un contemporain (1), l'étu-
diant, devenu jurisconsulte à son tour, prouva
qu'il avait médité cette maxime :

Il faut être Pyrrhus quand on est fils d'Achille.

Revenu à Angoulême, le jeune avocat suivit les
exercices du stage, débuta au Palais sous les aus-
pices de ce père, dont la carrière traçait un si large
sillon sous ses pas, et, en 1844, fut inscrit au
tableau, où il figura jusqu'en 1877 (2).

(1) P.-C. Dérivau. *Notice sur M. Pierre Ganivet.*
(2) Louis-Alban Ganivet fut admis au stage, à Angoulême, le 1er juillet 1842 et inscrit au tableau le 18 janvier
1844. Il fut en effet établi qu'il avait commencé son stage
à Poitiers, le 18 novembre 1840.
Elu membre du conseil de discipline en 1861, M. Ganivet
fut nommé, la même année, secrétaire-trésorier de l'ordre.
Il fut renommé en 1862. Bâtonnier en 1863 et en 1864, il
resta membre du conseil de 1865 à 1868. En 1869 et en 1870,
il fut réélu bâtonnier. De 1871 à 1875, bien qu'éloigné le
plus souvent d'Angoulême par ses fonctions de député, il

Pendant les trente années que M. Ganivet passa au barreau d'Angoulême, on peut dire qu'il ne perdit pas de vue, un seul jour, les traditions de probité, de désintéressement et d'honneur qu'il avait trouvées dans l'héritage paternel.

Avocat consultant autant qu'avocat plaidant, ce qui est une des servitudes de la carrière en province, il prit peu à peu, dans la confiance des populations rurales, la place que son père y occupait avec tant de distinction. Son cabinet devint, en quelque sorte, l'antichambre du tribunal et bien souvent les plaideurs, assez avisés pour s'en tenir à son arbitrage, se félicitèrent d'avoir vidé leur différend sans s'être imposé la charge, toujours si onéreuse, des frais de justice.

Pour répondre à une semblable confiance, pour l'inspirer même, il fallait autre chose que l'appui tutélaire d'un nom universellement respecté. Il fallait cette conscience intègre, sévère, innée, tant l'exercice en était facile, qui fut toujours l'apanage des Ganivet. Il fallait une aptitude particulière pour l'étude du droit, ce sens juridique qui pénètre du premier coup d'œil au plus intime de la science

---

fut régulièrement renommé membre du conseil de discipline.

Le 26 décembre 1877, il sollicita sa radiation. La vie politique l'avait éloigné de la barre et lui avait rendu presque impossible la participation aux délibérations du conseil.

pour en extraire la formule du problème discuté ;
il fallait l'autorité qui s'attache à l'expérience,
quand elle est doublée du talent.

Toutes ces qualités, M. Alban Ganivet en possédait les germes en lui ; il les développait chaque
jour par l'exercice de ces facultés merveilleuses,
qui s'appellent le jugement, la droiture de l'esprit
et l'amour du travail. Il vivait au milieu de ses
livres, ouvrages de jurisprudence et de doctrine, il
les interrogeait avec la curiosité fiévreuse que la
vocation est seule susceptible d'inspirer ; il leur
arrachait le secret des contradictions apparentes,
auxquelles son esprit méthodique ne se heurtait
jamais sans en éprouver un certain malaise ; il
classait, dans un coin de sa prodigieuse mémoire,
le texte de l'article ou la date de l'arrêt sauveur, et
augmentait ainsi, jour à jour, le bagage de sa
science dont, au moment propice, sans affecta-
tion, sans vanité, sans faux orgueil, il émerveillait
son auditoire.

Sa place ne tarda pas à être marquée au premier
rang d'un barreau, qui comptait cependant des
avocats distingués. Outre ses aptitudes spéciales
pour la science juridique, il en possédait le langage. Réputé de bonne heure pour la sûreté de ses
conseils, il ne l'était pas moins pour les discussions d'intérêt civil à la barre du tribunal.

Nous disons « d'intérêt civil » ; car il ne semble

pas qu'il ait manifesté de goût bien marqué pour les procès criminels. Son esprit positif se pliait mal aux entraînements un peu conventionnels dont se nourrit la conviction de l'avocat d'assises. Le jurisconsulte se refusait aux concessions consenties par le philosophe. Un accusé lui faisait toujours un peu l'effet d'un coupable et il disait volontiers : « Que voulez-vous! Je ne puis pas me « passionner pour un misérable! »

La passion d'ailleurs est exclusive de l'ordre, de la clarté, de la logique, toutes armes qui faisaient la force et la solidité de son argumentation. En revanche, dans les affaires civiles, il mettait, au service de sa cause, un entrain sans faconde, un luxe de dialectique, parfois même une pointe de belle humeur, qui prouvaient, à n'en pouvoir douter, qu'il se trouvait bien là sur son véritable terrain.

Sa parole, accentuée sans être solennelle, était remarquable, tant par la pureté de l'élocution que par la correction de la forme. Le débit était facile, l'organe agréable ; le mot propre était rencontré avec un rare bonheur. « Il parle le droit comme sa langue naturelle » disait un magistrat de la Cour de Bordeaux. Et, de fait, rien n'était plus exact.

Pour tous ceux qui l'ont connu, M. Ganivet fut non seulement un avocat mais un orateur; et quand, plus tard, appelé par la confiance de ses concitoyens à représenter le département de la Charente à la Chambre, il quitta la barre pour la tribune, son éloquence, loin de souffrir de ce changement, grandit en quelque sorte avec le théâtre où elle s'exerçait.

Mais, aux qualités brillantes, qui faisaient de lui un avocat recherché, qui lui valurent la gloire de plaider d'importantes affaires et l'honneur d'être élu quatre fois bâtonnier de l'ordre, se joignait une qualité plus modeste, que nous appellerions volontiers une qualité de cœur, si en même temps elle n'avait trouvé sa base dans l'équité naturelle de son esprit : nous voulons parler du désintéressement qu'il apportait à l'exercice de sa profession.

Le désintéressement était, pour M. Ganivet, une vertu de famille. Elevé à l'école austère d'un homme pour qui, suivant l'expression de son biographe, « les plaisirs intimes et délicats de l'esprit avaient le privilège de pouvoir se passer de ce que le monde appelle la fortune », il fut le gardien plus inconscient que sévère des traditions d'un autre âge.

On connaît la règle (dans les temps positifs que nous traversons, on pourrait presque dire la légende) aux termes de laquelle les services rendus par l'avocat sont libres et volontaires, à ce point que la rémunération n'en est jamais obligatoire pour le client.

Cette règle, qui date du seizième siècle, M. Ganivet en respectait l'esprit, à défaut de la lettre. Combien de fois il lui arriva de confondre volontairement une consultation et un conseil ! Son expérience, sa science, son inépuisable mémoire, véritable recueil de jurisprudence, étaient toujours au service des humbles, qu'il mettait une bonne grâce particulière à obliger, à renseigner, à tirer d'embarras.

Les jours de foire ou de marché, son cabinet ne désemplissait pas ; et, pour chacun, c'était un mot aimable, un encouragement, un avis toujours précieux, placement sans calcul, dont il fut bien surpris, aux heures douloureuses que traversa notre pays, de toucher les dividendes sous la forme du témoignage flatteur de 50,000 suffrages (1).

(1) Nous avons dit que le désintéressement était, pour M. Alban Ganivet, une vertu de famille. Il n'est pas hors de propos de citer, à l'appui de cette affirmation, deux passages empruntés à la notice de M. Dérivau sur M. Ganivet père. Ils sont à la foi humoristiques et instructifs.

Celui-ci d'abord :

« Jamais avocat n'a eu moins de souci de ses honoraires que M. Ganivet. Né avocat, comme d'autres naissent poètes, il avait la passion de son état....... Il fallait voir son embarras quand, après consultation ou plaidoirie, le

En 1846, M. Alban Ganivet fùt nommé conseiller de préfecture. Il succéda pour ainsi dire directement, dans ces fonctions, à son père, qui les avait

client lui demandait ce qui lui était dû. « Ce que vous voudrez », répondáit-il, en avalant péniblement sa salive. Le *ce que vous voudrez* était pour le client, à son tour, une cause d'embarras. Il sortait péniblement sa bourse, et, après avoir compté sur la cheminée le moins de pièces blanches possible, il s'arrêtait en disant, avec un laisser-aller qui n'était pas exempt d'inquiétude : « Est-ce assez ? » M. Ganivet, qui, pendant cette numération, promenait un œil distrait et confus sur la reliure de son code, répondait toujours : « Oh ! oui, c'est assez. » Le client bien appris lui épargnait alors l'importunité d'une trop généreuse insistance et se retirait satisfait en disant : « Nous sommes quittes ! »

La scène n'est-elle pas très pittoresquement esquissée ? L'autre ne le lui cède en rien.

« Les clients ont deux manières de s'enquérir de ce qu'ils peuvent devoir à leur avocat :

« 1° *Combien vous est-il dû ?*

« 2° *Vous est-il dû quelque chose ?*

« De ces deux savantes formules, la seconde est celle qui était le plus en usage dans la clientèle de M. Ganivet. Si les paroles s'écrivaient d'elles-mêmes sur le mur des lieux où elles ont été proférées, tout le cabinet de M. Ganivet s'en trouverait noirci. Est-il bien nécessaire que je vous apprenne ce qu'il répondait à cette fameuse interrogation : « *Vous est-il dû quelque chose ?* » — Avec le sourire discret de l'homme généreux qui comprend : « *Il ne m'est rien dû* », répondait-il toujours. C'était son respect pour les traditions chevaleresques du barreau qui lui dictait occupées pendant plus de quinze ans. Comme lui, il sut les exercer avec zèle et distinction, sans s'éloigner du barreau, où sa place, malgré son jeune âge, était déjà marquée au rang des avocats d'avenir.

L'étude si aride de notre législation administrative convint de surprenante manière à la curiosité un peu chercheuse de son esprit. Loin d'être rebuté par le fatras des lois, ordonnances, décrets et décisions, au milieu desquels s'exerce l'action contentieuse des conseils de préfecture, il s'y sentit à l'aise et put donner carrière à ses goûts investigateurs, s'attachant aux recherches en raison des difficultés qu'elles offraient, triomphant de l'incohérence des sources à force d'ordre et de volonté, codifiant, à son usage personnel, les éléments épars d'une législation dont le dédale a souvent égaré les meilleurs esprits. Dès cette époque, éclatèrent en germes, chez ce magistrat de trente ans, les qualités qui, plus tard, tant à la Chambre que dans nos assemblées départementales, firent de M. Ganivet l'un des hommes les plus remarquables en matière administrative, par la justesse des appréciations, la clarté du langage et la précision des souvenirs.

cette réponse: l'honoraire est un don libre et volontaire du client et non une dette qu'il est civilement tenu d'acquitter. »

Ses services ne tardèrent pas à être appréciés à leur juste valeur. Le soin qu'il apportait à l'étude des dossiers, la perspicacité dont il fit preuve en maintes circonstances, l'érudition qu'il acquit au contact quotidien des affaires, le désignèrent vite à l'attention des préfets auprès desquels il exerçait son mandat. Il devint l'âme du tribunal administratif auquel il consacrait tous les instants que lui laissait l'exercice de sa profession d'avocat, et, bien avant que la loi du 21 juin 1865 ait réorganisé les conseils de préfecture, il y exerçait en quelque sorte les fonctions de vice-président.

Souvent aussi M. Chadenet, alors préfet de la Charente, le chargea, pendant ses absences, d'administrer le département par intérim. On sait qu'aux termes de l'arrêté de Nivôse an IX, le préfet délègue à cet effet un conseiller de préfecture à son choix.

Durant l'un de ces courts passages aux fonctions qu'il eut occupées avec autant d'éclat que de dignité, M. Ganivet présida le concours régional, qui eut lieu à Angoulême au mois de mai 1861. Le discours qu'il prononça, en cette circonstance, est remarquable, tant par l'étendue des aptitudes qu'il révèle que par la netteté des aperçus et la concision de la forme (1). On y retrouve, comme

(1) Voir le numéro 1 de l'APPENDICE.

dans toutes ses œuvres, la marque d'un esprit clairvoyant, consciencieux et méthodique. Il valut de chaleureuses félicitations à son auteur, félicitations dont, pour une fois, la banalité ne fut pas seule à faire les frais.

Déjà, les connaissances spéciales de M. Ganivet l'avaient désigné à l'attention de la Société d'Agriculture dont, moins d'un an après sa réception en qualité de membre, il était devenu le vice-président.

Depuis la loi de l'an VIII, qui institua en France le système administratif sous le régime duquel nous vivons, les attributions des conseils de préfecture s'étaient accrues de telle sorte que leur organisation, devenue insuffisante, appela bientôt une réforme. Celle-ci fut plusieurs fois tentée sans aboutir à aucun résultat définitif; mais, du moins, les travaux successifs auxquels ces essais avaient donné naissance facilitèrent-ils l'éclosion de la loi du 21 juin 1865, qui réorganisa les conseils et décida notamment, sans enlever absolument aux préfets le droit de les présider, que, chaque année, un décret désignerait le conseiller de préfecture chargé d'exercer la présidence, en cas d'empêchement ou d'absence du préfet.

C'est en vertu de cette disposition de la loi nouvelle que M. Ganivet fut, pour la première fois, investi des fonctions de vice-président du Conseil de préfecture, fonctions qu'il conserva, en exécution d'une série de décrets successifs, jusqu'au 5 septembre 1870, époque à laquelle il donna sa démission.

Les qualités dont il avait fait montre, depuis dix-neuf ans déjà qu'il occupait un siège au tribunal administratif de la Charente, ne firent que s'affirmer durant les dernières années de son exercice.

A maintes reprises, dans les séances du conseil de révision, son entente de la loi militaire lui valut les félicitations de M. le général de Brémond d'Ars, aujourd'hui notre sénateur, alors commandant la subdivision de la Charente.

Il arriva que certaines difficultés d'interprétation, soumises au ministre de la guerre, furent tranchées par lui dans le sens que M. Ganivet s'était efforcé de faire prévaloir au sein du Conseil, ce qui ne laissa pas d'augmenter l'autorité de sa parole.

Souvent aussi M. Chadenet, préfet austère, strict dans l'accomplissement de ses devoirs, rigide dans ses rapports de service, eut l'occasion de lui témoigner la satisfaction qu'il éprouvait à le voir mettre, avec autant d'exactitude, ses facultés au service d'une tâche, qui reste un peu livrée au bon plaisir de chacun. C'est à cette époque que M. Ganivet, utilisant ses loisirs — plus l'intelligence est occupée plus elle devient active — entreprit de mettre à jour les comptes des communes, arriérés de plusieurs années. Ses collègues lui apportèrent le tribut de leur collaboration et la tâche, qui de loin ressemblait un peu à l'un des sept travaux d'Hercule, fut menée à bonne fin.

C'est au Conseil de préfecture encore que M. Ganivet acquit, dans la gymnastique des calculs électoraux, cette dextérité qui lui valut, à la Chambre, une ovation des plus flatteuses et qui mérite d'être rappelée. Bien que nous anticipions pour le faire, sur l'ordre chronologique auquel nous subordonnons cette notice, nous ne résistons pas au plaisir de placer ici le récit de l'incident.

C'était à la séance du 29 novembre 1873. Il s'agissait de nommer les sept derniers membres de la commission des lois constitutionnelles. Mais, au moment où l'on dépouilla le scrutin, il se trouva 585 bulletins dans l'urne où ceux-ci sont déposés, et seulement 579 boules dans celle qui sert au contrôle. (1)

Aussitôt une difficulté s'éleva. M. de La Rochefoucauld-Bisaccia avait obtenu 299 voix, M. Com-

(1) La boule de contrôle est, dans nos Assemblées parlementaires, l'équivalent de la feuille d'émargement. Chaque député, lors d'un vote à la tribune, reçoit une boule qu'il dépose dans une urne spéciale, après avoir remis son bulletin aux mains du scrutateur.

bier 296, le vicomte d'Haussonville et M. Lucien Brun 295, les autres moins encore. Le président proclama le scrutin en ces termes : « Votants, 585, majorité absolue, 293. MM. de La Rochefoucauld-Bisaccia, Combier, d'Haussonville et Lucien Brun sont élus. »

A ce moment M. Jozon révéla l'irrégularité constatée par le contrôle des boules et, réclamant l'application d'un principe incontesté de jurisprudence électorale, fit ainsi son calcul : « Il y a six bulletins de trop dans l'urne ; c'est six voix qu'il convient de retrancher aux membres *qui en ont obtenu le plus* ; la majorité absolue *est de 293,* il n'y a donc *personne* d'élu. »

Cette énonciation ne contenait pas moins de trois erreurs ; mais nul ne parut s'en apercevoir ou du moins nul n'eut assez de présence d'esprit pour les relever, et le bruit des conversations particulières ne tarda pas à rendre toute explication impossible.

M. Ganivet cependant, avec son aptitude spéciale pour ce genre d'opération, avait saisi du premier coup d'œil les causes très simples de la confusion au milieu de laquelle s'agitait la Chambre. Il demanda la parole, l'obtint, et, en quelques phrases concises, remit tout au point.

Le principe invoqué par M. Jozon était incontestablement applicable à l'espèce ; mais l'application qu'il en faisait n'était conforme ni à la logique ni à la doctrine (1). D'abord, ce n'est pas aux candidats, qui ont obtenu le plus de voix, mais à tous les candidats qu'il convient de retrancher un nombre de suffrages égal à celui des bulletins trouvés en trop dans l'urne; ensuite, il faut naturellement déduire ces mêmes suffrages du chiffre des votants, ce qui modifie le quantum de la majorité absolue; enfin, même dans le calcul de M. Jozon, M. de La Rochefoucauld, ayant obtenu 299 voix, eut été élu, puisque ce nombre, diminué de 6, serait resté encore égal à 293.

Dans l'espèce, il n'y avait eu à proprement parler que 579 votants, le chiffre de la majorité absolue était donc de 290 ; M. de La Rochefoucauld, après la soustraction des 6 bulletins nuls, gardait 293 voix et M. Combier 290, l'un et l'autre devaient être proclamés élus.

Ils le furent.

Mais le succès de la séance revint à M. Ganivet, que ses collègues entourèrent et félicitèrent à l'envi d'avoir réalisé ce problème, si simple et si rarement résolu dans les Assemblées parlementaires : garder assez de sang-froid pour éclairer, d'un mot, que tout le monde a sur les lèvres, un débat où personne n'a su le prononcer.

(1) Ajoutons qu'il en convint lui-même, avec une bonne foi parfaite, dès que M. Ganivet le lui eut démontré.

La gloire de M. Ganivet ne s'arrêta pas là. Depuis ce jour fameux, M. Rouher ne l'appelait plus, en riant, que « le triomphateur » et Gambetta, lorsqu'une question du même genre venait à se présenter, disait : « Priez donc M. Ganivet de monter à la tribune ! »

Une aussi belle carrière devait recevoir sa consécration. M. Ganivet fut bientôt élevé sur place à la deuxième classe de son grade ; et, le 15 août 1868, sous l'administration de M. Péconnet, le préfet si sympathique et si distingué, dont la Charente garde encore le souvenir, il fut fait chevalier de la Légion d'honneur par l'Empereur.

Ouvrons ici une parenthèse, pour rendre hommage à l'appui bienveillant que M. André, l'éminent député de Confolens, prêta aux propositions officielles dont le préfet crut devoir honorer la modestie, en même temps que la distinction, de son collaborateur. Pour M. André, il y avait en M. Ganivet autre chose qu'un simple administrateur ; il y avait un homme profondément attaché aux intérêts de son département et aux institutions, qui faisaient alors la France grande et prospère. Déjà son sens politique avait deviné le précieux concours que, plus tard, devenu son collègue à la Chambre, ce travailleur, cet érudit, ce consciencieux devait apporter à l'œuvre de la réédification nationale.

Les événements en effet se précipitèrent bientôt. Depuis la guerre de 1866, nous avions perdu comme une pierre de nos assises. L'équilibre de notre puissance cherchait vainement à reconquérir sa stabilité. L'année terrible passa sur nos têtes, emportant jusqu'à l'espérance, dans les plis glacés de son manteau. L'Empire, qui seul pouvait sauver encore les débris de nos bataillons et nous garder les provinces frontières, fut balayé par la tourmente. Un pouvoir éphémère, né de l'illégalité, baptisé au souffle de la Révolution, s'établit sur ses ruines, sous la protection inconsciente des baïonnettes ennemies.

M. Ganivet ne put supporter l'idée de le servir, et, avec la décision qui était au fond de son caractère, remit, dès le lendemain du 4 septembre, sa démission aux mains du préfet.

Ici s'arrête la première période de sa vie, la plus longue, ce qui, en dépit d'un labeur auquel nous nous sommes plu à rendre hommage, ne veut peut-être pas dire la plus remplie. Quelques mois après, celui qui, pendant près de trente ans, s'était consacré à ses concitoyens, leur prêtant libéralement l'appui de son érudition et de son talent, recevait la marque la plus éloquente et la plus flatteuse de leur reconnaissance : il était élu membre de l'Assemblée Nationale, par 46,400 suffrages, sans avoir publié aucune profession de foi (1).

Nous le suivrons pas à pas dans cette dernière phase de sa carrière et nous démontrerons tout le bien qu'il a fait à notre région, tous les services qu'il lui a rendus, tous ceux que, hélas ! il était appelé à lui rendre encore, quand un trépas prématuré vint l'arracher en quelque sorte à la tribune du Parlement, où il soutenait, pour la centième fois, la lutte opiniâtre de nos intérêts.

Mais avant d'aborder ce côté de notre étude nous avons le devoir d'ajouter quelques traits biographiques à l'esquisse que nous venons de dessiner.

Nous avons dit que M. Ganivet était membre de la Société d'Agriculture, qui, quelques mois après son admission, l'avait appelé à exercer les fonctions de vice-président. Précisons ce souvenir.

C'est le 15 février 1857 que M. Ganivet fut reçu membre de la Société. Or, un an jour pour jour après cette réception, le vice-président d'alors, l'honorable M. Mailfer, ayant donné sa démission, M. Ganivet fut élu à sa place et garda le fauteuil jusqu'au 15 janvier 1863.

____

(1) Les circonstances étaient si graves et la période électorale fut si courte qu'on dût se borner, pour tous les candidats, à une déclaration de M. Auguste Hennessy, président du comité conservateur.

A cette date, le président, M. Roux, déclara se retirer pour permettre l'élection de M. Gellibert des Seguins, député de la Charente (1), lequel fut effectivement nommé. Mais l'assemblée, voulant remercier M. Roux de son désintéressement, l'élut vice-président au lieu et place de M. Ganivet.

Touché de cette marque de sympathie. M. Roux ne déclina pas immédiatement l'honneur qui lui était fait, mais revint un peu plus tard à sa détermination de retraite, et, le 25 octobre de la même année. M. Ganivet fut réélu. Il garda cette fois la vice-présidence jusqu'au 15 janvier 1868, date à laquelle il déclara ne plus être candidat aux fonctions qu'il avait occupées pendant près de dix ans.

Nous ne rappellerons que pour mémoire la part considérable qu'il prit, là comme partout, aux travaux d'une société laborieuse. Son goût pour l'étude était si connu, il s'immisçait avec tant de zèle aux débats, les éclairait de tant de lumière, qu'on ne pouvait le voir participer au travail d'une assemblée sans le charger aussitôt de quelques recherches, de quelque coordination d'idées encore confuses, de quelque rapport dont les conclusions étaient rarement rejetées.

(1) Père de M. Etienne Gellibert des Seguins, conseiller général du canton de Villebois-Lavalette et ancien député.

Le cadre de cette étude, son objet principal, nous interdisent de reprendre par le menu les questions qu'il eut ainsi à élucider, parfois même à résoudre ; mais nous ne serons démenti par personne en affirmant que le souvenir laissé par ses rapports (1) a survécu aux éloges dont ils furent l'objet ; le savoir, le bon sens et la conscience, qui présidaient à leur confection, en ont fait de véritables modèles du genre.

Souvent aussi M. Ganivet fut appelé à représenter la Société dans nos comices agricoles, et, chaque fois, il prononça des discours, qui sont encore présents à la mémoire de nos populations rurales. Sans parler du concours régional d'Angoulême, en 1861, où il prit la parole au nom du préfet, qu'il remplaçait par intérim, rappelons les discours de Vars, Montmoreau, Chalais, etc.

Tout récemment encore l'honorable M. de Thiac, président actuel de la Société, évoquant la mémoire de M. Ganivet, rendait, dans une notice, dont lecture a été donnée en séance publique (2), un hommage flatteur au zèle de sa collaboration et aux ressources de son esprit.

(1) Nous citerons notamment le rapport sur le *Projet de révision du règlement* (annales de la Société d'Agriculture janvier-février-mars 1864) et le rapport sur le *Vinage des vins* (même numéro des annales).

(2) Séance du 15 novembre 1889.

La Société d'Agriculture s'associait, au même moment, à ce tribut de reconnaissance, en décidant à l'unanimité que le portrait de M. Ganivet serait placé dans la salle ordinaire de ses séances, parmi ceux des membres qui l'ont illustrée.

Participant à toutes les œuvres dignes d'être encouragées, payant de sa personne sans compter, M. Ganivet fut naturellement un des fondateurs de la Société de secours mutuels, en 1855. Il en devint successivement le secrétaire et le vice-président, fonctions dont il se démit en 1875, sans toutefois cesser de faire partie de la Société.

Il fut jusqu'à sa mort membre honoraire de la Société des sauveteurs médaillés de la Charente. Enfin, il était, depuis 1857, membre du bureau d'administration du Lycée d'Angoulême, et, en août 1877, reçut à ce titre les palmes académiques.

Il nous reste à parler de l'homme privé.

Bien que cette partie de notre tâche soit la plus délicate, nous l'accomplirons aisément et rapidement tout à la fois. Il est des modèles, dont la physionomie se grave sur la planche sans l'effort du burin. L'artiste n'y est pour rien ; c'est le sujet lui-même qui s'impose, laissant derrière lui comme la photographie morale de son âme. M. Ganivet était de ceux-là.

Si tard que nous l'ayons connu, si courts qu'aient été nos rapports, un souvenir ineffaçable nous est resté de la courtoisie de son accueil, de l'affabilité de ses manières, de la profondeur de ses connaissances et de son esprit. Tout en lui respirait la loyauté, le désintéressement, la modestie. . Il écoutait comme il parlait, science rare chez un orateur. Il savait encourager son interlocuteur, donner à la conversation ce tour familier, qui rompt toutes les glaces ; puis, quand il le sentait en confiance, quand la détente avait succédé à la réserve du premier abord, son esprit s'élevait par degrés, pour prendre bientôt son vol dans le domaine presque sans limites de ses souvenirs, toujours précis, toujours bourrés de faits, de chiffres et d'exemples. Rien n'était instructif comme sa conversation, rien n'était profitable comme son commerce. Si bien qu'on crût connaître une question, on glanait toujours quelque chose à la lui soumettre. Il avait tout lu, tout commenté, tout retenu, et son esprit bienveillant ne se montrait pas plus avare de sa science que de ses services.

Au physique, il était de taille moyenne ; l'ensemble de sa personne décelait une vivacité, qui se traduisait aussi bien par l'activité du corps que par la promptitude de l'esprit. La corpulence, en dépit des années, était restée mince ; les extrémités, d'une rare finesse, marquaient la race. Le regard était empreint d'une profonde sérénité ; le front élevé, les tempes dégarnies, l'œil profond, estompé d'un large trait de bistre, révélaient les préoccupations d'une intelligence constamment en travail. Dans les dernières années de sa vie, le sommet de la tête s'était dégarni, comme il arrive trop souvent aux penseurs ; les cheveux avaient blanchi, ne laissant maintenant qu'une mince couronne à la partie postérieure du crâne ; la barbe soyeuse, coupée court sur les joues, se terminait en pointe, blanche aussi ; et pourtant le feu de la jeunesse couvait, étincelant parfois, sous la cendre des années. L'intelligence *(mens sana)* animait d'une étrange activité ce tronc resté vert *(in corpore sano)*. Quand la mort le déracina, il portait encore au faîte la riche frondaison des esprits féconds jusqu'au tombeau.

M. Ganivet avait épousé, en 1846, Mlle Julie Pignier, fille de M. Jules Pignier, avocat au barreau de Confolens, maire, conseiller général et magistrat, dans les dernières années de sa vie. Le souvenir laissé à ses contemporains par l'homme distingué, dont le nom se trouve tout naturellement amené sous notre plume, nous autorise à rappeler combien, pendant le temps de sa longue carrière, il fut prisé pour ses qualités de cœur, pour son dévouement à la cause publique et privée, pour les innombrables services qu'il rendit à ses concitoyens et à son pays.

M. Pignier, après avoir été l'un des avocats

les plus justement considérés du barreau de
Confolens, occupa les fonctions de juge au tribunal
de cette ville (1), alors présidé par M. Boreau-
Lajanadie, l'éminent député que la Charente
s'honorait encore, l'an dernier, de voir figurer au
nombre de ses représentants. Jamais, paraît-il, les
affaires ne furent mieux élucidées que par ces deux
magistrats, aussi érudits qu'intègres. « L'année
judiciaire est close, disait un jurisconsulte, et le
tribunal de Confolens n'a pas eu un seul de ses
jugements réformé par la cour de Bordeaux. »

M. Pignier fut aussi, pendant de longues années,
le représentant de l'un des cantons de Confolens
au sein de notre assemblée départementale ; et
chacun conserve encore présents à la mémoire le
dévouement et le scrupule qu'il apportait à l'accomplissement de ce mandat.

Par une singulière rencontre, il trouva dans ses
deux gendres des continuateurs d'ordre différent.
L'un, M. Ganivet, put perpétuer son souvenir au
sein du Conseil général ; l'autre, M. Lambert, au
tribunal même de Confolens, qu'il présida, durant
plusieurs années, avec une autorité, une impartialité et une conscience, qui ne suffirent pas à

(1) Pendant près de quatre-vingts ans, le tribunal de
Confolens compta, parmi ses membres, un représentant
de la famille à laquelle M. Pignier s'était allié.

désarmer les foudres de la proscription. M. Lambert fut un des trois présidents frappés, dans la Charente, par l'odieuse loi de 1883 sur la suspension de l'inamovibilité.

Quelle que soit notre hâte d'arriver au récit des étapes parlementaires que M. Ganivet était appelé à parcourir, nous ne saurions passer sous silence le soutien que l'homme politique, dont la vie a si souvent besoin d'encouragements, rencontra constamment à son foyer. Collaboration discrète dans les services à rendre, partage des soucis et des joies ne lui firent jamais défaut.

Hélas ! une immense douleur devait troubler cette sérénité. Un fils adoré, un fils unique, rejeton prématurément ployé sous le faix de la moisson, fut enlevé, quelques années avant le père, à l'affection de celle qui ne vit plus aujourd'hui que dans l'abstraction de ce double deuil.

Que dire que chacun ne sache, en Charente, où il était né, du jeune homme d'avenir, du jurisconsulte, du diplomate, du poète qui s'appelait Maurice Ganivet ? Une plume autorisée a retracé en touches d'une délicatesse exquise la silhouette presque immatérielle de cette intelligence doublée d'un cœur trop généreux (1). Nous ne pourrions ni

(1) MAURICE GANIVET, notice par Daniel Touzaud, docteur en droit. Angoulême, 1885.

plus ni mieux faire et engageons tous ceux qui ont connu cette âme d'élite à se reporter aux pages charmantes, qui en évoquent si tendrement le souvenir.

Il nous suffira de rappeler ici que Maurice Ganivet, après une enfance, qui présageait déjà les destinées brillantes de l'âge d'homme, passa, comme un météore, dans la carrière diplomatique, vers laquelle son esprit curieux et généralisateur l'emportait invinciblement.

Attaché à l'ambassade de Constantinople en 1877, il conquit rapidement l'estime de M. de Mouy et de M. Fournier, qui se succédèrent à la légation de France. Mais, le temps de son séjour était limité ; bientôt il revint à Paris, avec un bagage littéraire, emprunté tout à la fois à la législation ottomane et à la poésie légendaire de l'Orient ; il subit les épreuves du concours diplomatique et sut y trouver l'occasion d'un nouveau succès.

Reçu en très bon rang, considéré au ministère comme possédant une remarquable variété dans les aptitudes, il fut nommé secrétaire d'ambassade à Munich, où, par une circonstance plus flatteuse encore que fortuite, il fut, après six mois de grade à peine, appelé, par intérim, à remplacer M. le comte Lefebvre de Béhaine, en qualité de chargé d'affaires.

Neuf mois se passèrent ainsi, pendant lesquels il ne cessa d'adresser au ministre des affaires étrangères des rapports très remarqués sur la politique tortueuse de M. de Lutz, le ministre bavarois d'alors, un imitateur du grand chancelier. Mais, au bout de ce temps, il dut rentrer en France, où l'attendait un poste non moins brillant, la sous-direction du Nord au ministère des affaires étrangères. Il avait un peu plus de trente ans.

Malheureusement, sa santé, subitement altérée, ne tarda pas à faire concevoir de graves inquiétudes. Il prit un congé et vint chercher un peu de repos dans le sein de cette famille, qui avait couvé si tendrement ses jeunes années. Hélas ! il était de ce monde, décrit par le poète, où les plus belles choses ont le plus court destin ; un matin de mai l'emporta, brisant du même coup les deux cœurs qu'un lien si étroit rattachait au sien.

M. Ganivet ne se releva jamais de cette épreuve (1). Sa douleur resta concentrée, muette, préoccupée de donner l'exemple d'une résignation, dont l'effort l'étouffait. Mais pour tous ceux qui l'ont

(1) Déja son frère, M. Edmond Ganivet, chef d'escadron d'artillerie, était mort à Bergame, pendant la guerre d'Italie (1859), et son neveu, fils du précédent, blessé mortellement à Gravelotte, avait succombé, quelques semaines après, aux suites de ses blessures.

connu, il est permis de dire qu'il a été frappé ce jour-là. Il vécut encore quelques années, payant à ses concitoyens, à cette Charente, qu'il aimait comme sa mère, le tribut de reconnaissance qu'il avait contracté envers eux ; puis, vint un jour où la douleur fut plus forte que sa volonté. Il descendait de la tribune, animé, fumant de l'ardeur qu'il venait de mettre à la défense de nos droits. La mort était à la porte, qui le guettait, prête à le couvrir de son suaire, et, proie facile, il s'affaissa dans ses bras.

CHAPITRE II.

ASSEMBLÉE NATIONALE (1871-1875).

Le 29 janvier 1871, alors que la province anxieuse avait les yeux fixés sur Paris, une dépêche, transmise par la délégation de Bordeaux, vint annoncer à la France qu'elle touchait enfin au terme de ses sacrifices.

Elle était ainsi conçue :

> « Versailles, 28 janvier 1871,
> 11 heures 15 du soir.

« Nous signons un traité aujourd'hui avec M. le comte de Bismarck. Un armistice de vingt et un jours est convenu. Une assemblée est convoquée à Bordeaux pour le 15 février. Faites connaître cette nouvelle à toute la France. Faites exécuter l'armistice et convoquez les électeurs pour le 8 février. Un membre du gouvernement va partir pour Bordeaux.

« Signé : JULES FAVRE. »

Nous avons tenu à relater intégralement cette dépêche historique, pour rappeler les conditions dans lesquelles se fit l'élection, qui marque le point de départ de la carrière politique de M. Ganivet.

Depuis cinq mois déjà, la confusion présidait à la désorganisation de notre état social ; elle était parvenue à son comble. Jules Favre, en négligeant de faire connaître la convention de Versailles dans toute sa teneur, entraînait la perte de notre héroïque armée de l'Est ; Gambetta, par des décrets restés légendaires, ne tardait pas à rendre inextricables les difficultés d'une élection dont dépendait le sort de la France.

Le 1er février, en effet, six jours avant le scrutin, parurent une série de dispositions, dont les plus fameuses furent le vote au chef-lieu de canton et l'inéligibilité de toute une catégorie de citoyens. Le vote au chef-lieu de canton, c'est-à-dire quarante mille communes rurales privées de l'exercice de leurs droits civiques, au profit des clubs électoraux de quelques villes. L'exclusion d'une catégorie de citoyens, c'est-à-dire la négation de l'égalité politique.

Ce n'est pas ici le lieu de rappeler, en tous ses détails, cette période plus trouble encore que troublée de notre histoire. Les anciens ministres, sénateurs, conseillers d'Etat, préfets, mis hors la loi ; les anciens députés partagés en candidats officiels et non officiels ; les électeurs convoqués huit jours avant le scrutin ; les opérations électorales rendues presque impossibles par la centralisation ; puis, la lutte des pouvoirs, Paris contre Bordeaux, Jules Simon contre Gambetta, Bismarck intervenant dans le débat et pesant du poids de son épée sur les décisions d'un régime éphémère ; enfin, le contre-ordre suivant l'ordre, le désaveu de la délégation de Bordeaux publié vingt-quatre heures avant d'aller aux urnes : quelle odyssée !

Telles furent, cependant, les circonstances au milieu desquelles un comité fut formé à Angoulême, pour désigner les sept candidats chargés de soutenir, au sein de la nouvelle Assemblée, les idées de sagesse, les principes à la fois conservateurs et libéraux, auxquels la Charente est toujours demeurée fidèle.

Voici la liste qu'il arrêta, après bien des tergiversations et bien des démarches : MM. Bouillaud,

Mathieu-Bodet, Boreau-Lajanadie, de Champ-vallier, Martell, Alban Ganivet (1) et Marchand.

Le nom du docteur Bouillaud avait remplacé celui de M. Péconnet, le sympathique préfet que notre département venait de perdre et que le décret de Bordeaux frappait d'inéligibilité. Au dernier momént, cette mesure ayant été rapportée, M. Péconnet consentit à poser sa candidature par une lettre, qui parvint dans les communes le matin de l'élection et dont un certain nombre n'eurent même pas connaissance.

Il n'en fut pas moins élu par 36,807 suffrages. M. Ganivet en obtint, ainsi que nous avons eu déjà l'occasion de le dire, 46,400.

Une manifestation aussi spontanée (2) constituait le témoignage le plus flatteur qu'une collectivité politique pût décerner à un homme. Le mandat dont les nouveaux élus se trouvaient investis empruntait aux circonstances un caractère excep-

(1) M. Ganivet était à cette époque bâtonnier de l'ordre des avocats.

(2) Le temps ne permit pas de faire une campagne élec-torale ; les candidats, qu'on désigna dans le langage courant sous le nom de « Candidats de la paix », n'eurent même pas le temps de faire une profession de foi. M. Auguste Hennessy, président du Comité conservateur libéral, fit un appel aux électeurs en faveur de la liste que celui-ci patronait, et ce fut tout.

tionnel de gravité. Traiter de la paix avec un vainqueur impitoyable, panser les blessures d'un peuple humilié dans sa fierté, faire face à des obligations écrasantes, remettre l'ordre dans un état social si voisin de l'anarchie que la révolution n'attendit pas la libération du territoire pour éclater sur divers points de la France, rebâtir les assises d'une société nouvelle, tout réorganiser, tout modifier, et cependant tout prémunir contre les entraînements d'un zèle intempestif, telle était la tâche herculéenne qui incombait à l'Assemblée nationale et dont elle sut s'acquitter non sans honneur.

M. Ganivet fut l'un des artisans les plus actifs de ce labeur. Nous verrons que, s'il évita les grands débats oratoires, ceux qui souvent créent les popularités éphémères, il sut se maintenir au rang des orateurs les plus utiles, les plus écoutés, les moins exposés au retour de la fortune.

« Voilà, mon cher Ganivet, ce qui s'appelle parler la véritable langue des affaires », lui dit M. Batbie, le célèbre professeur de droit constitutionnel, au moment où il descendait de la tribune, après avoir prononcé, au profit des bouilleurs de crû, le discours fameux, qui décida du rétablissement de leur privilège.

Cette appréciation, dont on ne saurait contester la haute autorité, caractérise le talent de M. Ganivet

mieux que nous ne saurions le faire nous-
même, qui avons cependant suivi pas à pas sa
carrière législative pour en retracer ici les grands
traits.

A peine installé à l'Assemblée nationale, l'occasion lui fut donnée d'utiliser sa compétence spéciale en matière administrative.

Bien que le Parlement comptât alors un plus
grand nombre d'hommes rompus à la science
législative et au langage qui en découle, il n'était
pas beaucoup plus facile de s'y faire écouter
qu'aujourd'hui.

Les assemblées délibérantes renferment plus
de bavards que d'orateurs ; tout le monde cause,
quelques uns parlent, personne n'écoute. Pour se
faire entendre il faut de l'assurance, de l'organe
et quelquefois de l'esprit ; pour se faire écouter,
il faut du talent, de l'autorité ou simplement de
l'expérience.

Suivez les débats d'une question d'affaires. La
tribune est occupée sans relâche ; les orateurs se
succèdent, crient, gesticulent, entassent lecture
sur lecture : leur voix se perd dans le tumulte des
conversations particulières. Un bourdonnement
confus les accompagne ; parfois le diapason s'élève
jusqu'à couvrir leurs paroles.

Vainement le président s'agite, réclame le
silence, secoue la sonnette, qui joint son vacarme

à celui des pupitres et des colloques échangés à tous les coins de la salle. La question est discutée dans vingt groupes, qui substituent leurs arguments à ceux de l'orateur ; souvent, ce n'est même pas elle qui fait les frais de la discussion.

Mais tout-à-coup un nom court dans l'assistance, chacun regagne son banc, les conversations s'éteignent par degrés, le silence arrive à s'établir. C'est qu'un spécialiste occupe la tribune ; un industriel, s'il s'agit d'industrie ; un agriculteur, s'il s'agit d'économie agricole ; un jurisconsulte, un administrateur, dont la compétence spéciale fait autorité au Parlement.

M. Ganivet ne fut pas long à marquer sa place au rang de ces privilégiés.

Une des premières lois, qui vinrent en discussion devant la nouvelle Chambre, fut la loi relative à l'organisation départementale. L'article 16 du projet attribuait aux Conseils généraux le droit de vérifier les pouvoirs de leurs membres ; mais il le faisait de telle sorte qu'une équivoque des plus graves s'élevait aussitôt.

« Le Conseil général, disait cet article, statue
« sur les réclamations relatives à la validité de
« l'élection de ses membres.

« La décision du Conseil général doit être
« motivée ; elle est susceptible de recours au
« Conseil d'État, statuant au contentieux, dans les

« cas d'excès de pouvoir, incompétence ou vio-
« lation de la loi. »

Il y avait évidemment, entre ces deux paragraphes, une contradiction dont la commission ne
s'était pas rendu compte. Le caractère du nouveau
droit, dont le Conseil général se trouvait investi,
n'y était pas déterminé de façon précise ; ou plutôt,
chacun des deux paragraphes lui attribuait un
caractère différent.

A ne lire que le premier, il semblait que le pouvoir de l'assemblée départementale, en matière de
vérification, fut assimilé à celui dont jouissent nos
assemblées parlementaires, pouvoir souverain,
s'étendant à toutes les élections, alors même
qu'elles ne seraient pas contestées, s'exerçant surtout sans recours possible contre ses décisions.
Comment expliquer, sans cela, l'absence d'une
disposition réglant les difficultés de procédure
inhérentes à toute juridiction contentieuse ?

Mais à lire le paragraphe suivant, on s'aperce-
vait vite que telle n'avait pas été l'intention
du législateur. L'obligation imposée au Conseil
général de motiver ses décisions, le recours devant
le Conseil d'Etat, dont la loi rendait celles-ci
susceptibles dans certaines hypothèses déterminées, ne laissait aucun doute sur le caractère
contentieux qu'on entendait attribuer à sa juridiction.

C'est cette contradiction, étrange dans un projet de loi mûrement élaboré et dans un article plusieurs fois renvoyé à la commission, que M. Ganivet, qui abordait pour la première fois la tribune, signala dans les séances des 15 et 19 juillet 1871, avec une clarté et une connaissance de la procédure administrative, qui fixèrent aussitôt l'attention sur lui.

Il nous suffira, sans entrer plus avant dans l'examen de cette discussion, de dire que l'article 16 et l'esprit de sa disposition furent réformés dans le sens de ses observations, auxquelles l'autorité de M. Victor Lefranc, alors ministre de l'agriculture et du commerce, vint donner une consécration décisive.

La loi du 10 août 1871, en attribuant aux Conseils généraux un pouvoir souverain de vérification, n'adopta peut-être pas la meilleure des solutions (1), mais du moins elle évita l'amphibologie, à laquelle prêtait la rédaction primitive de l'article critiqué par M. Ganivet.

Son intervention, dans la discussion du projet réglant l'organisation départementale, ne se borna pas d'ailleurs à ce seul succès. On peut dire, sans

---

(1) La loi du 31 juillet 1875 retira aux Conseils généraux la faculté exorbitante dont la loi de 1871 les avait investis et attribua le soin de juger les contestations au Conseil d'Etat, statuant au contentieux.

crainte d'être taxé d'exagération, qu'il prit une part active à l'élaboration de la loi.

Le 15 juillet, il obtint le renvoi de l'art. 16 à la commission, qui fit droit à ses observations ; le 19, il fit rejeter l'amendement René Brice et Delille (1) ; le 24, il demanda la suppression du paragraphe 2 de l'article 80 (2) et l'obtint, de l'assentiment même du rapporteur, M. Waddington, qui reconnut qu'il était inapplicable ; le 3 août, il signala une contradiction (3) entre les articles 3, 53, 54 et 82 du projet et demanda à modifier la rédaction de l'article 54, de façon à éviter les conséquences de cet illogisme. L'amendement mis aux voix fut pris en considération et renvoyé à la commission, qui en accepta les termes.

Ses observations, on le voit, marquées au coin de la logique et appuyées sur une connaissance

(1) Cet amendement attribuait au Conseil général la vérification des pouvoirs de ses membres, mais réservait, contre ses décisions, un recours devant l'Assemblée nationale.

(2) Relatif aux attributions de la commission départementale.

(3) Le projet attribuait au président de la commission départementale le droit de passer les contrats et au préfet celui d'intenter les actions, au nom du département. M. Ganivet fit décider que ce serait le préfet qui aurait mission de faire exécuter les décisions du Conseil général dans l'un et l'autre cas.

approfondie du mécanisme administratif, étaient presque toujours accueillies. Il n'en fallait pas davantage pour assurer l'autorité très légitime dont il ne tarda pas à jouir au sein du Parlement.

Le 11 août suivant, on discutait la loi de finances. M. Ganivet reparut à la tribune. La France obligée de faire face à d'écrasantes contributions demandait naturellement ses ressources à l'impôt. Il fallait trouver de l'argent à tout prix et le moyen, en apparence le plus simple, d'atteindre ce résultat, était de majorer indistinctement toutes les taxes. Telle était du moins la tendance de la commission du budget.

Le principe toutefois n'est pas, au point de vue économique, d'une exactitude rigoureuse. M. Ganivet tenta de le démontrer à l'Assemblée dans la discussion relative à l'augmentation du prix des permis de chasse ; et, s'il ne parvint pas, sur le moment, à la convaincre, il eut du moins la satisfaction de voir l'évènement confirmer promptement ses pronostics.

La commission proposait de porter le prix du permis de 25 à 40 francs. M. Ganivet protesta contre cette augmentation, qu'il affirma devoir aller à l'encontre du but poursuivi. L'expérience faite en 1844 était concluante. Le nombre des permis, élevés à cette époque de 15 à 25 francs, avait diminué dans une proportion si notable que le

Trésor, au lieu de percevoir plus, perçut moins que sous le régime de l'ancienne taxe. Il s'était créé des assurances mutuelles contre les pénalités pécuniaires encourues pour délits de chasse. Le braconnage avait reçu une véritable prime d'encouragement. N'en serait-il pas de même cette fois ?

L'Assemblée répondit non et vota le droit de 40 francs. Mais, l'année suivante, lors de la discussion de la nouvelle loi de finances, elle fut contrainte de reconnaître son erreur.

M. Ganivet reprit la thèse qu'il avait précédemment développée et, forçant un peu le chiffre de ses prétentions, demanda la réduction du prix des permis à 10 francs (1). L'amendement ne fut pas adopté, mais le prix fut réduit à 25 francs, ce qui fut considéré comme un véritable succès pour l'orateur.

M. Ganivet intervint encore à plusieurs reprises, en 1871, dans la discussion de la loi de finances ; mais on conçoit, étant donné le cadre de cette

---

(1) Séance du 18 décembre 1872. — Amendement de MM. le duc Decazes, Ganivet et plusieurs autres membres, ainsi conçu : « Le droit à percevoir à l'avenir sur les permis de chasse est fixé à la somme de 10 francs, qui se partageront ainsi qu'il suit : 5 francs au profit de l'Etat et 5 francs au profit de la commune où le permis aura été demandé. »

notice, que nous ne puissions le suivre dans tous ses développements.

Il nous faut signaler cependant le discours qu'il prononça, à la séance du 25 août, pour combattre un amendement de M. Haentjens, qui proposait de porter de 90 à 300 francs, par hectolitre, le droit de consommation sur l'alcool.

Il ne s'agissait plus cette fois d'une simple discussion théorique ; les intérêts de la Charente étaient en jeu et l'on sent vibrer l'accent du foyer dans les paroles émues de son représentant.

Inattaquable d'ailleurs dans sa démonstration, M. Ganivet prouva, chiffres en main, que la consommation de l'alcool, depuis trente ans, n'avait augmenté qu'en raison de l'extension du nombre des débits, et, par suite, des consommateurs ; mais qu'elle était restée stationnaire par tête d'habitants, ce qui répondait aux craintes exprimées sur les progrès et le caractère de l'ivrognerie.

Il insista, en outre, sur le principe qu'il avait déjà développé à propos des permis de chasse ; une augmentation aussi exagérée du droit à percevoir diminuerait les revenus du fisc et encouragerait la fraude sans enrayer le vice. MM. Bocher, rapporteur, et Pouyer-Quertier, ministre des finances, appuyèrent ces conclusions. L'amendement fut repoussé et le droit élevé de 90 à 150 francs seulement.

La répression de l'ivrognerie était d'ailleurs une telle préoccupation pour M. Haentjens que, quelques jours avant la discussion du droit sur l'alcool, il avait saisi la Chambre d'une proposition spéciale ayant cette excellente intention pour objet.

Dans son zèle, l'honorable député de la Sarthe dépassa même les limites de son sujet et fit le procès du commerce agricole de nos contrées, que le phylloxera n'avait pas ravagées encore. Les bouilleurs de crû ne furent pas plus épargnés que les industriels, ce qui valut à l'orateur une verte réplique de M. Ganivet (1).

(1) « Lorsque nous aurons à discuter la question d'impôt, dit l'honorable député de la Charente, alors nous examinerons ce que sont les bouilleurs de crû, et nous nous réservons de répondre à ce moment aux attaques que M. Haentjens a dirigées contre cette classe intéressante de propriétaires, attaques contre lesquelles je tenais à protester.

« Nous discuterons alors, s'il en est besoin, et nous démontrerons qu'en voulant imposer les bouilleurs de crû, on veut porter atteinte au droit de propriété. (Très bien !) Actuellement, il ne s'agit que de l'ivrognerie. Je ne serai pas embarrassé d'établir, quand viendra cette discussion, que les reproches, que notre honorable collègue a adressés au département de la Charente, sont sans fondement, et qu'il faut, au contraire, se féliciter, pour la fortune du pays, de voir la culture de la vigne prendre dans ce

On sait combien les droits de notre agriculture lui tenaient au cœur et le zèle qu'il déploya, durant toute sa carrière politique, pour les défendre. Nous le retrouverons bientôt sur la brèche, protestant contre l'impôt dont la Chambre crut devoir, en dépit de ses efforts, frapper, sans même procéder à une enquête, les propriétaires qui se bornent à distiller les vins provenant de leurs récoltes.

Nous le verrons soutenir une lutte incessante en leur faveur, de 1872 à 1875, et triompher enfin des résistances du Parlement, en obtenant l'abro-

département l'extension qu'elle y a prise depuis plus de trente-cinq ans. »

M. Ganivet tint sa promesse. Quelques jours après il démontrait que ce n'est pas en augmentant le prix des consommations alcooliques et en rendant leur usage moins fréquent qu'on peut espérer diminuer les cas d'ivrognerie.

« Je n'en veux qu'un témoignage, disait-il en terminant. Allez dans les pays qui produisent le vin et l'eau-de-vie, cherchez y des ivrognes ; vous n'en trouverez pas, parce que, dans ces pays, ces boissons sont d'un usage journalier et à bon marché. Les populations y résistent à l'abus ! »

C'était défendre une fois de plus la Charente, ce qu'on ne manqua pas de dire, en alléguant qu'il avait fait un plaidoyer *pro domo sua*. Mais il n'en fut pas ému.

Aucun éloge ne pouvait lui être plus agréable que cette critique.

gation de la loi contre laquelle il n'avait cessé de s'élever.

Mais nous ne saurions clore cette première année de législature, sans rappeler le discours par lequel M. Ganivet appuya son amendement à l'article 37 de la loi portant augmentation d'impôts sur les contributions indirectes (1).

Ici encore, c'est au nom des intérêts charentais qu'il dut intervenir. L'article 37 établissait un droit de fabrication sur les papiers de toutes sortes, droit contre lequel il eut été, à cette époque, impossible de s'élever, mais que la commission, d'accord avec le gouvernement, soumettait à une classification dénotant une ignorance presque absolue des principes de la matière.

La question était trop grosse, elle touchait de trop près à une industrie, qui est une des sources de notre richesse locale, pour qu'il fut permis aux représentants de la Charente de laisser l'Assemblée s'engager dans cette voie, sans avoir tout au moins tenté de l'éclairer sur l'erreur qu'elle allait commettre.

Ce fut M. Ganivet qui se dévoua.

D'entente avec M. de Montgolfier, l'un de ses collègues, il déposa et soutint un amendement (2).

(1) Séance du 5 septembre 1871.
(2) Cet amendement était ainsi conçu :
« Il est établi un droit de fabrication sur les papiers de

qui n'eut pas la bonne fortune d'être accueilli, mais n'en resta pas moins, pour tous les hommes compétents, l'expression la plus exacte de la vérité.

toute sorte, papiers à écrire, à imprimer, à dessiner, papiers d'enveloppes, d'emballage, papiers cartons et tous autres. Ce droit, dont la perception s'effectuera à l'enlèvement de la fabrique, est fixé ainsi qu'il suit, décime compris :

« 1º Papiers soie, papiers pelure, papiers à photographie, papiers parchemin, par 100 kilos, 15 francs.

« 2º Papiers collés, satinés, à écrire ou à imprimer, papiers à dessiner, papiers à registres, blancs ou teintés d'azur ou d'autres nuances, cartons de pâte blanche, par 100 kilos, 10 francs.

« 3º Papiers dits d'écolier, papiers à imprimer, non satinés, collés ou sans colle, papiers à journaux, papiers pour musique, papiers blancs pour plier la soie et les rubans, papiers bulle pour écrire ou imprimer, papiers blancs de tenture, papiers de couleur pour affiches et couvertures de livres, par 100 kilos, 5 francs.

« 4º Papiers de tenture en pâte écrue, grise ou de couleur, papiers de pliage ou d'emballage écrus, gris ou de couleur, paille, goudron ou végétal, papiers cartons ou cartons gris ou de couleur, par 100 kilos, 2 fr. 50.

« Les mêmes droits seront perçus, en sus de ceux des douanes, sur les papiers imprimés à l'étranger. Les papiers exportés, sous quelque forme que ce soit, seront affranchis des droits ci-dessus établis. Les dispositions de l'article 35 sont applicables aux fabricants de papier. Néanmoins, les quantités de papier existant en fabrique

Sans entrer très avant dans l'examen d'une question connue à peu près de tous en Charente (1), il n'est pas inutile, ne fût-ce que pour démontrer jusqu'où peut aller l'entêtement d'une assemblée prévenue, de rappeler la différence profonde, qui séparait la classification proposée par M. Ganivet de celle que la commission réussit à imposer au Parlement.

Il s'agissait, qu'on ne l'oublie pas, de frapper l'industrie du papier d'un droit de fabrication, naturellement proportionnel au prix de revient des diverses espèces de papier fabriqué : d'où la nécessité d'une division en plusieurs catégories. Or, quelle base avait choisie la commission pour déterminer cette division ? Les dénominations données « dans le commerce » à la vente des papiers.

Il est aisé de comprendre, sans être grand clerc en l'espèce, qu'une classification empruntée au commerce ne pouvait répondre aux nécessités de l'industrie et devait engendrer de singulières

au moment de la promulgation de la présente loi seront constatées et exemptées de l'impôt.

« Le ministre des finances est autorisé à consentir avec les fabricants, qui en feront la demande, des abonnements pour tenir lieu de l'impôt, en les dispensant de l'exercice. »

(1) On trouvera d'ailleurs le texte du discours de M. Ganivet sous le numéro 3 de l'APPENDICE.

contradictions. En effet, le même papier sert à divers usages et prend, dans le commerce, des qualifications différentes, suivant le façonnage qu'on lui donne. Pourquoi, dès lors, le frapper d'un droit variable, suivant l'usage auquel il est destiné, alors que, pour la fabrication, seule soumise à ce droit, les frais sont les mêmes, quelle que soit la destination ultérieurement donnée au produit fabriqué ?

MM. Ganivet et de Montgolfier, s'inspirant de cette vérité, offraient une classification conforme à la nature des papiers, c'est-à-dire à leur fabrication, qui se distingue par les diverses pâtes à l'aide desquelles on les produit.

C'est cependant cette proposition, rationnelle entre toutes, que la commission et le ministre des finances persistèrent à repousser, sans rien vouloir entendre. L'Assemblée subit leur loi et l'amendement fut rejeté (1).

(1) Un journal de Tulle, le *Corrézien*, publia, quelques jours après, un article consacré à la nouvelle loi sur les papiers.

Il débutait ainsi :

« Nous avons suivi avec l'attention la plus scrupuleuse la discussion de la loi nouvelle sur les papiers, et nous n'avons pas besoin de la voir appliquer, pour constater qu'elle a été déplorablement faite ou, pour parler plus exactement, bâclée par l'Assemblée nationale.

« Il n'est pas possible de légiférer avec une ignorance

Ce rapide exposé des questions, qui amenèrent
M. Ganivet à la tribune du Parlement, dans la
première session du long mandat dont il fut
investi par les électeurs de la Charente, suffit à
démontrer quelle activité, quelle compétence,
quelle conscience surtout, il mettait au service de
ses commettants.

Notre intention n'est pas de reprendre ainsi, par
le menu, toutes les discussions auxquelles il par-
ticipa. Il faudrait des volumes pour accomplir
cette œuvre de restitution, ce qui nous éloignerait
singulièrement du cadre modeste que nous nous
sommes tracé.

Mais encore est-il nécessaire, pour donner à la

plus grande. Tantôt ce sont les chiffres de la commission
qui disparaissent comme des ombres, tantôt c'est le
rapporteur lui-même, qui avoue avec une simplicité virgi-
nale son « entière incompétence ! »

« Quels que soient les résultats déplorables du vote de
mardi, nous n'en devons pas moins remercier les honorables députés, qui ont pris spontanément la défense d'une
cause, qui touche de si près le développement de la démocratie intelligente, honnête et libérale. MM. de Montgolfier,
Bardoux, Charton, Ganivet et de Lacretelle ont droit à
nos remerciements les plus sympathiques et nous nous
faisons un devoir de les consigner ici.

« M. Ganivet, tout particulièrement, a traité la question
de fond, l'application et la perception de l'impôt, avec
une compétence sérieuse, un esprit pratique, une lucidité
parfaite. Mais la Chambre se souciait bien de tout cela !... »

silhouette parlementaire, que nous dessinons ici, le caractère qui lui est propre, d'énumérer les circonstances multiples, dans lesquelles son souci du juste et sa préoccupation du vrai entraînèrent M. Ganivet à intervenir dans la discussion de nos lois.

C'est ainsi qu'à la séance du 5 janvier 1872, il prit la parole sur une proposition de M. Courbet-Poulard, tendant à déterminer la réduction du privilège des propriétaires d'immeubles, en cas de faillite du locataire; que, le 26 et le 29 du même mois, il s'éleva contre la tendance protectionniste d'un projet de loi sur la marine marchande; que le 2 février, il supplia l'Assemblée de ne pas trancher la question de la dénonciation des traités de commerce sans avoir pris l'avis des Conseils généraux; que le 26 et le 28 du même mois, il éclaira de façon lumineuse des points restés obscurs de la loi sur les droits d'enregistrement (1).

Sa science juridique trouvait, dans ces développements divers, l'occasion de s'affirmer à l'égal de ses connaissances administratives. Mais ce qui ressort tout particulièrement de l'ensemble de ses observations à la tribune, c'est la préoccupation constante d'éviter l'équivoque dans les termes de la loi.

(1) Mains-levées d'hypothèques et mutations de fonds de commerce.

Nous insistons à dessein et revenons souvent sur ce trait du caractère de M. Ganivet, car aucune impression ne se dégage plus nettement de son œuvre. La clarté, l'ordre, l'exactitude poussée jusqu'au scrupule, étaient les qualités fondamentales de son esprit. Il saisissait d'un coup d'œil les difficultés auxquelles donnerait naissance l'interprétation d'un texte obscur ; il les indiquait, en termes d'une rare précision, et emportait le plus souvent la conviction de la Chambre.

Au mois de mars 1872, nous le retrouvons à la tribune, défendant notre budget contre les envahissements du fonctionnarisme et demandant la suppression des inspecteurs « généraux » de l'enseignement primaire, dont il démontre éloquemment l'inutilité.

Au mois de juin, c'est la cause des jeunes gens soumis à la conscription militaire qu'il plaide. Il essaie, sans succès d'ailleurs, d'établir, au point de vue des pénalités encourues pour tentatives de fraudes devant le conseil de révision, une distinction entre la simple allégation, reconnue mensongère, d'une infirmité et la mutilation volontaire, en vue de l'obtenir.

Quelques jours plus tard, il intervient dans la discussion de la loi concernant l'impôt sur les créances hypothécaires.

A la séance du 31 juillet — on discutait le

projet de loi concernant l'impôt des boissons — il défend une fois de plus les droits menacés des bouilleurs de crû, dont il s'est institué l'avocat d'office. Il prend le gouvernement en flagrant délit d'inexactitude et oppose à ses allégations intéressées des chiffres, tirés de ses propres rapports, chiffres qui dénotent jusqu'à l'évidence que la fraude, dont on voudrait rendre les propriétaires responsables, n'est pas la véritable cause des difficultés éprouvées dans le recouvrement de l'impôt.

C'est la seconde étape de la campagne laborieuse, qu'il a menée jusqu'au terme de sa carrière, pour préserver nos eaux-de-vie charentaises des charges écrasantes dont les distilleries du Nord, qui n'avaient pas encore le fléau pour allié, cherchaient à accabler notre industrie vinicole.

Malheureusement le siège de la Chambre était fait; la demande d'enquête soutenue par M. Ganivet fut repoussée ; les trois-six l'emportèrent et la loi, imposant les vexations de l'exercice aux propriétaires distillant leur propre récolte, fut votée dans toute sa rigueur, en dépit des efforts successivement tentés par plusieurs députés de la Charente (1).

(1) Voir au *Journal officiel* les discours de MM. Ganivet, André et Martell.

Signalons encore, en décembre, une intervention de M. Ganivet dans la discussion de la loi de finances. Il s'agit cette fois du traitement des préfets (1), sur lequel la commission propose une économie de 117.000 francs. Le ministre de l'intérieur demande le rétablissement du chiffre proposé dans son budget. M. Ganivet lui répond et enlève le vote de l'Assemblée, qui maintient le chiffre de la commission.

Ainsi finit la seconde année de cette importante législature.

Si rapidement que nous en ayons parcouru les échelons, le nom de M. Ganivet est revenu assez souvent sous notre plume, pour marquer la place importante que, dès cette époque, il avait prise au Parlement. Et cependant, combien la sèche nomenclature, combien l'analyse incomplète à laquelle nous sommes réduit, rendent imparfaitement le caractère de son talent.

Il faut avoir lu ces pages, d'une lucidité si intense, pour avoir conscience de l'effet qu'elles devaient produire, à la tribune. Quel que soit le sujet, de quelque façon que l'intervention se traduise, avec les explications de M. Ganivet la lumière pénètre, comme un coin, dans le débat. Rien n'est inutile dans son discours. Les dévelop-

(1) Séance du 11 décembre.

pements procèdent directement de la pensée génératrice ; les idées s'enchaînent avec méthode, la conclusion se dégage avec clarté. On peut ne pas partager son opinion, mais il faut des armes pour la combattre, car elle est étayée d'une argumentation sans défaut.

L'année 1873 est marquée, dans l'œuvre parlementaire de M. Ganivet, par six discours, d'une importance différente, et nombre d'observations, sur lesquelles nous glisserons plus légèrement.

C'est d'abord, à la séance du 7 février, une nouvelle tentative en faveur de la suppression des sinécures. On discutait la loi sur le travail des enfants dans les manufactures, loi qui créait un certain nombre d'inspecteurs généraux. M. Ganivet, reprenant une argumentation que nous lui avons déjà vu soutenir en matière d'enseignement primaire, démontra l'inutilité de fonctionnaires, qui, à raison de l'étendue de leur inspection, seraient incapables d'exercer effectivement leur mandat.

La démonstration était topique, mais la majorité ne crut pas devoir en tenir compte. On ne serait pas français, si l'on portait la main sur l'arche sainte du fonctionnarisme.

A la séance du 26 mars, nous relevons un important discours sur l'extension progressive des taxes municipales, discours occasionné par un projet de loi tendant à convertir en une taxe, payable en numéraire, l'obligation, imposée aux riverains des voies publiques de Paris, de balayer chacun devant sa façade.

Bien que le rapporteur se fut attaché à démontrer que la loi était spéciale à la ville de Paris et ne pouvait s'étendre aux autres communes de France, M. Ganivet insista en termes éloquents sur le danger d'une tendance, qui, de l'exception ne tarderait pas à devenir la règle et constituerait, en échange d'une prestation facultative, une véritable aggravation des charges, si onéreuses déjà, qui pèsent sur la propriété foncière.

La loi n'en fut pas moins votée par 344 voix contre 267 ; mais il fut bien entendu qu'elle ne constituerait qu'une disposition isolée, ce qui confirmerait, au lieu de les ébranler, les principes rappelés avec tant d'à propos par l'honorable député de la Charente.

Bientôt, il dut faire une nouvelle tentative en faveur des producteurs d'eaux-de-vie, qu'une proposition de loi, sur la perception des contributions indirectes, menaçait de formalités plus vexatoires encore que celles édictées par la loi du 28 février 1872 (1).

(1) L'article 6 du projet contenait notamment les deux paragraphes suivants :

« Les déclarations d'enlèvement d'alcools et spiritueux

L'heure toutefois n'était pas favorable ; le Nord, avec ses alcools industriels, continuait à l'emporter sur le Midi et ses vins : il fallut subir les rigueurs d'une législation meurtrière pour notre industrie.

La Chambre était si prévenue contre les producteurs d'eaux-de-vie, qu'à la même séance, elle refusa à MM. de Dampierre et de Lorgeril d'élever de 1 à 2 % la tolérance accordée aux expéditeurs de spiritueux, sur la contenance déclarée de leurs fûts, alors que M. Ganivet avait démontré, par des documents législatifs (1), que l'administration elle-même admettait une variation de 7 % l'an dans le degré des eaux-de-vie.

Le sort des employés de préfectures fut aussi, de la part de M. Ganivet, l'objet d'une constante sollicitude. Il connaissait par expérience, pour en avoir suivi de près le fonctionnement, les lacunes d'un service où la bonne volonté, l'application, le

devront porter la contenance de chaque fût et le degré, avec un numéro correspondant à celui placé sur le fût.

« Le dépotoir cylindrique à échelle, de même que tout dépotoir dont l'exactitude aura été constatée par les vérificateurs des poids et mesures, sera désormais placé au nombre des mesures légales et poinçonné par les dits vérificateurs. »

M. Ganivet demandait la suppression pure et simple de ces deux paragraphes.

(1) Un décret présidentiel.

travail ne reçoivent pas toujours la récompense de leurs efforts.

Il appuya donc chaleureusement, à la séance du 9 décembre, un amendement de M. Brice, tendant à l'augmentation du fonds d'abonnement, sur lequel ces fonctionnaires sont rétribués. Il réclama également la réglementation, par un décret d'administration publique, des attributions des bureaux de préfecture, la détermination du nombre des emplois affectés à chacun d'eux, de la quotité des appointements et des conditions de roulement à établir au point de vue de l'avancement.

Cette tentative constituait un premier pas dans la voie que le Parlement s'est décidé tardivement à suivre, en ouvrant une enquête, à laquelle les Conseils généraux sont appelés à participer, sur la question de savoir s'il convient de rattacher directement au budget de l'Etat les employés de préfectures, qui sont déjà sous une autre forme à la charge du Trésor.

Enfin, à la séance du 27 décembre, M. Ganivet prit deux fois la parole, la première pour protester, au nom des bouilleurs dc crû, contre certaines négligences de l'administration, qui les mettaient à la merci des fraudes commerciales ; la seconde, pour développer un amendement tendant à réduire le tarif du transport, par la poste, des imprimés et circulaires.

Cette séance fut un véritable triomphe pour l'honorable représentant de la Charente, dont elle mit en lumière la variété des aptitudes et la souplesse du talent.

La question relative aux fraudes commerciales était bien simple. Il s'agissait des facilités laissées au mélange des trois-six avec nos eaux-de-vie de vin, ou, pour parler plus exactement, des facilités laissées aux spéculateurs de vendre ces mélanges pour eaux-de-vie pures.

Dans le but de répondre au besoin de protection, invoqué par les propriétaires distillateurs, lorsque la loi les avait soumis aux rigueurs de l'exercice, le législateur de 1872 avait indiqué deux garanties à la tentation d'une concurrence déloyale : la vérification des livres du commerçant, afin de s'assurer de l'origine des alcools détenus par lui, et la variété de couleur des acquits, couleur concordant avec l'origine distincte des alcools employés.

C'est de cette double garantie, accordée au commerce honnête, que l'administration dédaignait d'assurer la stricte observation ; c'est son application que M. Ganivet réclamait, d'accord avec ses collègues des deux Charentes, avec M. le marquis de Dampierre et tous les agriculteurs de la Chambre.

L'obtint-il ? Nos viticulteurs pourraient seuls le dire. Tout ce que nous savons, c'est qu'on lui laissa l'espoir de l'avoir obtenue.

Plus heureuse fut la seconde partie de la séance. Là, du moins, M. Ganivet remporta un avantage positif, dont les bienfaits s'étendirent au commerce et à l'industrie de la France entière (1).

Lorsqu'au lendemain de nos désastres on s'occupa de créer de nouveaux impôts, une augmentation de tarif atteignit le transport par la poste de tous les objets de correspondance.

La taxe fut doublée, ce qui ne laissa pas, tout d'abord, de diminuer sensiblement l'importance du trafic. Mais, à côté de cette considération

(1) L'amendement déposé par MM. Ganivet, André (de la Charente) et Boreau-Lajanadie était ainsi conçu :

« Le port des circulaires, prospectus, catalogues, avis divers et prix-courants, livres, gravures, lithographies en feuilles, brochées ou reliées, et en général de tous les imprimés autres que les journaux et ouvrages périodiques, est, pour chaque exemplaire ou chaque paquet, adressé à un seul destinataire, ainsi fixé suivant le poids :

« De 5 grammes et au-dessous, 2 c.

« De 5 à 10 grammes, 3 c.

« De 10 à 15 grammes, 4 c.

« De 15 à 40 grammes, 5 c.

« De 40 à 80 grammes, 10 c.

« Au-dessus de 80 grammes il y aura une augmentation de 3 c. par chaque vingt grammes ou fraction de vingt grammes excédant.

« L'article 8 de la loi du 24 août 1871 est abrogé, sauf en ce qui concerne l'exception faite pour les circulaires électorales et bulletins de vote. »

d'ordre général, une anomalie singulière, à laquelle, certes, le législateur n'avait pas songé, se produisit à l'égard des imprimés, catalogues et avis divers.

On avait omis de s'informer si nos tarifs nouveaux étaient d'accord avec les tarifs étrangers ; et, précisément, ils ne l'étaient pas. Un imprimé du poids de 40 grammes, par exemple, expédié de France payait 10 centimes, alors qu'un imprimé de même poids, expédié de Suisse ou de Belgique, n'en payait que 5.

Si l'on joint à cette différence l'augmentation résultant de l'impôt nouveau, dont les papiers étaient frappés, il devenait certain que les grandes maisons de commerce avaient avantage à faire imprimer leurs catalogues à l'étranger pour, de là, les faire expédier à leurs clients de France.

Un tel résultat, fâcheux au point de vue du rendement de l'impôt, ne l'était pas moins au point de vue de l'une des branches les plus intéressantes de notre industrie nationale, celle de l'imprimerie et de la papeterie.

M. Ganivet présenta donc un amendement remaniant nos tarifs, de façon à les mettre en harmonie avec ceux résultant de nos conventions postales. Cet amendement, qui porta son nom, fut voté par 333 voix contre 284 et forma un article spécial de la loi des finances.

Tel est le bilan de l'année 1873.

On voit qu'elle est digne de ses devancières ; et, s'il était permis de comparer un sujet à lui-même, nous dirions qu'elle leur est supérieure, à raison de la maturité que le talent de M. Ganivet acquérait au contact quotidien des discussions parlementaires.

Nous avons signalé, à côté des six grands discours que nous venons d'analyser, un certain nombre d'observations à la tribune.

Nous ne ferons que citer, pour mémoire, une intervention, couronnée de succès, en vue d'obtenir la discussion immédiate de deux grosses questions (1), qui allaient, au moment de la prorogation de juillet, être renvoyées à une autre session, et une proposition, prise en considération, tendant à modifier le règlement intérieur de la Chambre en matière d'interpellation.

L'année 1874 fut un peu moins chargée que la précédente ; elle ne nous en offre pas moins l'occasion de retrouver plusieurs fois M. Ganivet à la tribune, comme rapporteur, auteur d'amendement ou simple orateur.

Ce fut un calcul de majorité, assez semblable à celui que nous avons analysé dans notre premier

(1) Abrogation de la loi sur la surtaxe de pavillon et discussion des nouveaux traités de commerce.

chapitre, qui, à la séance du 22 janvier, appela la nouvelle intervention de celui que M. Rouher avait baptisé le triomphateur (1).

Il s'agissait d'une nomination de commissaire dans les bureaux et un doute s'élevait sur l'application des principes, encore mal définis, du ballottage. M. Alfred Dupont donnait, comme certaine, une règle que M. Bertauld contestait formellement, sans d'ailleurs fournir une solution meilleure que l'honorable préopinant.

M. Ganivet intervint, et sa logique ordinaire, jointe à l'autorité qu'on se plaisait à lui reconnaître en la matière, régla le différend dans un sens qui resta de jurisprudence constante au Parlement.

En mars, une proposition de prorogation, déposée par un certain nombre de députés, fut accueillie à l'unanimité par une déclaration d'urgence. La commission d'examen nomma M. Ganivet rapporteur, et, à la séance du 24, celui-ci donna lecture de son travail, dont les conclusions furent adoptées, sous la simple réserve d'un amendement de détail.

L'Assemblée toutefois avait pris l'engagement de ne pas se séparer avant d'avoir discuté un projet, dû à l'initiative gouvernementale, et tendant

(1) Voir page 19.

à proroger les pouvoirs expirants des conseils municipaux, jusqu'à la promulgation de la loi organique en préparation.

Un conflit politique s'éleva, dès le lendemain, sur ce terrain d'apparence législative. La Gauche, qui, bien qu'en minorité dans le Parlement, avait réuni la majorité dans la commission, voulait des élections immédiates. Le gouvernement, au contraire, proposait de les reculer jusqu'en janvier 1875.

M. Ganivet, dans un amendement qui ne fut pas adopté, offrait un moyen terme, la prorogation jusqu'au 15 septembre.

C'est le projet du gouvernement qui l'emporta : les élections furent ajournées à l'année suivante.

A la séance du 5 juin, M. Ganivet appuya de toutes ses forces une proposition de M. Léon Say, tendant à instituer un prix de 50,000 francs au profit de la personne qui découvrirait un moyen pratique de déterminer la présence de l'alcool industriel dans les mélanges.

Cette nouvelle escarmouche, simple épisode de la guerre allumée entre le Nord et le Midi, entre l'industrie et l'agriculture, fournit, une fois de plus, à l'honorable député de la Charente, l'occasion de défendre nos intérêts viticoles, en réclamant de l'Assemblée une protection, qui assurât la sincérité des transactions commerciales.

La discussion du budget de 1875, chapitre de l'Intérieur, ramena l'attention du Parlement sur la situation faite aux employés de préfecture.

M. Ganivet, dont nous avons signalé l'intervention, l'année précédente, lors de la discussion de l'amendement Brice, revint à la charge et déposa, de concert avec M. Raoul Duval, un amendement au chapitre 4 (fonds d'abonnement des préfectures), amendement qui reprenait la proposition Brice (augmentation du crédit alloué au fonds d'abonnement) et y ajoutait la promesse d'un règlement d'administration publique fixant l'organisation des bureaux de préfectures et sous-préfectures et arrêtant le chiffre des traitements afférents aux employés de ces bureaux (1).

(1) Voici le texte de cet amendement :

« Augmenter de 100.000 francs le crédit du fonds d'abon-
« nement des préfectures et sous-préfectures.

« Article à insérer dans la loi du budget.

« Un règlement d'administration publique déterminera,
« pour chaque département, l'organisation des bureaux de
« préfecture et sous-préfecture, en fixant leurs attribu-
« tions, ainsi que le nombre et le grade des employés.

« Le même règlement fixera le minimum et le maximum
« des traitements de chaque emploi, la portion du fonds
« d'abonnement applicable aux dépenses matérielles de
« chaque préfecture et sous-préfecture et la somme qui
« pourra être réservée annuellement sur le même fonds
« pour être distribuée, à raison des travaux extraor-

Le discours que prononça l'honorable député de la Charente, pour développer et soutenir ces conclusions, est, à coup sûr, un des meilleurs de son œuvre.

Il y rend hommage, avec une délicatesse qui n'est pas exempte d'ironie, aux sentiments de bienveillance manifestés par la commission du budget pour les intéressants auxiliaires de l'administration ; mais il exprime, en même temps, le regret que ces sentiments soient restés purement platoniques.

L'augmentation qu'il réclame (100.000 francs) est une indication plutôt qu'un secours efficace. Et d'ailleurs, ne pourrait-on pas trouver l'équivalent de cette somme, en diminuant d'autant le crédit alloué aux inspections administratives des établissements de bienfaisance, archives départementales et prisons, qui coûtent fort cher et ne peuvent pas être efficacement exercées ?

On sait que les inspections générales, comme toutes les sangsues du budget, étaient la bête noire de M. Ganivet.

Quelles que fussent pourtant sa verve et la solidité de son argumentation, l'honorable orateur

« dinaires, dans les bureaux, ou, à titre de gratification, en
« fin d'année.

« Les employés ne pourront être révoqués que par un
« arrêté du ministre de l'Intérieur. »

devait se heurter à l'esprit de routine, qui assure de longs jours encore aux sinécures de notre administration. L'amendement fut rejeté, mais le succès personnel de M. Ganivet n'en fut pas moins considérable ; son nom resta désormais attaché à l'œuvre, dont il s'était institué le défenseur, et qu'après quinze ans nous voyons toujours dans le même état de stagnation.

Notons encore, en 1874, une observation sur la loi de l'électorat municipal (1) et une protestation contre la suppression des congés de semestre aux militaires.

Enfin, l'année 1875, la dernière du long mandat qui fut confié aux membres de l'Assemblée nationale, fut marquée, pour M. Ganivet, par un succès, que l'on peut considérer comme le digne couronnement des efforts, au milieu desquels nous venons de le suivre. Depuis 1872, il était sur la brèche, avec ses collègues de la Charente, notamment MM. André et Martell, pour combattre la loi vexatoire, le régime odieux, qui avait soumis les bouilleurs de crû aux rigueurs de l'exercice. Au mois de juin 1875, il déposa, toujours avec ses

(1) Séance du 3 juillet. — M. Ganivet appuya l'amendement Latrade, tendant à l'inscription d'office, sur la liste électorale, des serviteurs qui font l'objet d'une mention quelconque au rôle des prestations, ne fût-elle pas nominative.

collègues, une proposition formelle d'abrogation ; au mois de décembre, après un discours, dont le souvenir est encore gravé dans toutes les mémoires charentaises, il fut assez heureux pour l'obtenir.

Nous reviendrons sur cette séance mémorable, que nous ne faisons qu'indiquer ici, mais que nous ne pouvions manquer d'évoquer, au début même de l'examen rapide auquel nous allons nous livrer, des travaux de M. Ganivet, durant cette année 1875, qui fut en quelque sorte l'apogée de sa carrière, tant elle lui valut de reconnaissance et de popularité.

Avant de le faire, toutefois, il nous faut remonter aux premiers jours de janvier, pour retrouver l'honorable député de la Charente à la tribune, s'opposant à l'examen d'une pétition, dont la conséquence eût été la réforme absolue de notre système cadastral, opération gigantesque que l'état de nos finances ne permettait guère d'entreprendre.

Au mois de février, lors de la discussion des lois constitutionnelles, M. Ganivet combattit vainement l'urgence, qui fut votée malgré l'opposition de l'Extrême droite, de la Droite et du groupe de l'Appel au peuple.

A la séance du 4 mars, il prononça un grand discours, dans lequel il prit, encore une fois, la défense de nos producteurs, en s'élevant contre une surtaxe appliquée aux manquants constatés chez les marchands en gros, bouilleurs et distillateurs.

En juin, il combattit une proposition relative aux traitements des greffiers de justice de paix.

A le séance du 1er juillet, il développa deux amendements tendant à faire poser le principe de certaines règles mal définies, en matière de chemin de fer d'intérêt local.

Dans le courant du même mois (1), il prononça, sans préparation, un discours très applaudi contre le droit de consommation, dont le gouvernement voulait frapper les vinaigres.

Enfin, dans les deux séances du 6 novembre et du 11 décembre, il combattit en faveur de l'abrogation de la loi de 1872 sur les bouilleurs de crû.

Reprenons, avec quelques développements, celles de ces questions qui méritent, à des titres divers, d'arrêter l'attention, le discours sur les manquants, le traitement des greffiers, l'improvisation sur les vinaigres et la loi des bouilleurs.

Il n'est pas besoin d'expliquer à des charentais l'économie de la loi sur les manquants. Tout le monde est ou a été plus ou moins viticulteur, dans notre département, et sait que la Régie, lors de ses

____

(1) Séance du 17 juillet 1875.

inventaires chez les marchands en gros, après avoir fait la part du coulage et des autres causes de force majeure, applique la taxe à l'excédent des quantités précédemment déclarées sur les quantités actuellement constatées.

Mais quelle taxe ?

La taxe des alcools en cercle, naturellement, puisqu'il s'agit d'eaux-de-vie en futailles. Telle était du moins la disposition de la loi de 1872. Mais, lors de la discussion du budget de 1876, le gouvernement, toujours à court d'argent, voulut aller plus loin dans la voie des charges écrasantes, qui frappaient déjà les alcools, et appliquer aux manquants la taxe des eaux-de-vie en bouteilles, soit 218 fr. 75 par hectolitre au lieu de 156 fr. 25.

M. Ganivet protesta, et protesta comme il savait le faire, contre cette prétention exorbitante. La fraude ? Simple prétexte, allégué pour pressurer encore une industrie déjà trop mise à contribution. Et en quoi, d'ailleurs, le nouveau droit préviendrait-il la fraude ? Ne suffirait-il pas au négociant, pour l'éluder, de prendre une feuille d'expédition fictive, en futaille, de la valeur du manquant ? Quel serait le commerçant assez naïf pour ne pas user d'un stratagème aussi simple ?

Non, ceux qui souffriraient réellement de cette vexation, ajoutée à tant d'autres, ce seraient les propriétaires, les bouilleurs de crû, qui ne vendent de leur récolte que la quantité nécessaire aux besoins de leur famille, et gardent le surplus vingt, trente ans quelquefois, pour attendre l'élévation des cours. Ceux-là n'ont pas, le plus souvent, l'instruction nécessaire pour accomplir bien exactement les formalités exigées d'eux, et c'est sur leurs erreurs involontaires que le fisc exerce ses droits. Serait-il équitable d'en élever encore la quotité ?

— La loi ne s'applique pas aux propriétaires ! interrompit à ce moment M. Mathieu-Bodet, ministre des finances.

Et M. Arthur Legrand de s'écrier aussitôt, en s'adressant à M. Ganivet :

— Prenez acte de cette déclaration, mon cher collègue.

Ce que M. Ganivet ne manqua pas de faire.

Quelle victoire remportée dans ce simple incident ! Sans l'argumentation victorieuse de M. Ganivet et le mouvement d'impatience qu'elle causa au ministre, les termes de la loi seraient restés dans une ambiguïté que le fisc, une foi nanti de de l'instrument, n'eut pas manqué d'interpréter dans le sens le plus rigoureux. Au contraire, le texte de l'article en discussion fut modifié et les bouilleurs de crû échappèrent à la charge nouvelle qui les menaçait.

M. Ganivet devait bientôt leur rendre un service plus éclatant encore. Mais, pour suivre l'ordre chronologique de ses travaux, arrêtons-nous d'abord à la discussion sur le traitement des greffiers de justice de paix.

La situation de ces modestes fonctionnaires avait, comme celle des employés de préfecture, été l'objet de la sollicitude particulière de l'honorable député de la Charente. Trouvant, avec raison, que leur traitement ne répondait plus aux nécessités de l'heure présente, il avait cherché le moyen d'en élever le chiffre, sans obérer le Trésor, et croyait l'avoir trouvé dans la proposition Princeteau, qui portait purement et simplement révision du tarif de 1807 (1).

Or, au moment où la Chambre allait passer à la seconde délibération sur le projet, adopté déjà en première lecture, le gouvernement, par l'organe de M. Bardoux, sous-secrétaire d'Etat à la justice, proposa une disposition nouvelle, qui ne pouvait être considérée comme un amendement et aurait trouvé plus exactement place dans le texte de la loi de finances.

(1) Un mot d'explication est ici nécessaire.

Il y a dans le greffier de justice de paix deux personnes distinctes : 1º Le fonctionnaire, gardien de papiers publics, et qui, à ce titre, reçoit un traitement de l'Etat. 2º L'officier ministériel, qui dresse des actes dans l'intérêt des justiciables et reçoit, pour ce fait, une rémunération fixée par le tarif de la loi de 1807.

Au lieu, en effet, d'augmenter les taxes déterminées par le tarif de 1807, le projet de M. Bardoux augmentait de 200 francs le traitement de tous les greffiers, quelle que fût l'importance du ressort, et, pour couvrir le Trésor de cet accroissement de charges, frappait toutes les causes portées devant la justice de paix d'un droit d'enregistrement d'un franc.

Cette disposition avait deux défauts, que M. Ganivet ne manqua pas de signaler.

D'abord elle grevait le budget d'une charge nouvelle, une différence sensible existant entre l'élévation des ressources promises par le droit d'enregistrement et la dépense rendue nécessaire par l'augmentation des traitements. Cette seule raison eut dû suffire à la faire renvoyer à la discussion de la loi de finances.

Mais elle offrait un autre inconvénient, celui de créer une véritable bourse commune, certains greffes comptant jusqu'à 2 et 3,000 causes par an, alors que d'autres n'en voient se présenter que 60. Or, n'était-il pas injuste de faire bénéficier l'un du travail de l'autre, ou, plus exactement, d'aggraver la charge du justiciable d'un canton au profit du fonctionnaire d'un canton auquel il était étranger.

Evidemment oui ; mais la Chambre, qui n'avait fait aucune difficulté pour le reconnaître en première lecture, subit cette fois l'influence du gouvernement, et, en dépit des efforts de M. Ganivet, vota, séance tenante, la réforme qu'elle avait précédemment condamnée.

Nous avons cité encore, parmi les discours qui marquèrent dans l'œuvre parlementaire de M. Ganivet, l'étape féconde de 1875, son improvisation sur ou plutôt contre le droit de consommation, dont furent frappés les vinaigres et acides acétiques fabriqués en France.

Ce n'est pas, à coup sûr, en raison de son importance, ni en raison de la gravité du sujet. L'impôt était vexatoire, comme tous ceux dits « rognures de sou » dont l'ensemble constituait le système financier de M. Mathieu-Bodet ; mais il ne mettait aucun intérêt en péril et nous nous serions borné à la mention des critiques que lui adressa M. Ganivet, si nous n'avions rencontré, dans une remarquable esquisse, due à la plume de M. Cuneo d'Ornano, la note suivante, qui nous a semblé bonne à rapporter :

« C'est dans les questions qui intéressent spécialement notre contrée que le député de la Charente prit le plus souvent la parole et sut se révéler orateur.

« Orateur dans toute la force du terme, c'est-à-dire capable d'improviser, avec abondance et facilité, sur un sujet qu'impose le hasard de l'ordre du jour. Son discours contre l'exercice des vinaigreries, par exemple, est un véritable modèle du genre. Lisez-le. Cette question aride paraît riante. Tout est clair ; tout s'enchaîne bien. Les chiffres viennent à point, sans retard et sans gêne. Les digressions servent l'ensemble. Les interruptions même aident à la confirmation du discours. La langue est des plus correctes, des plus pures. Nous le répétons, cette improvisation est un modèle du genre. »

Et plus loin :

« Un autre discours, qui n'est, certes, pas supérieur à celui sur les vinaigreries, a fait cependant beaucoup plus de bruit. Nous en avons déjà dit un mot. Les intérêts en jeu étaient, en effet, plus considérables. Mais nous nous trompons, ce n'était point des *intérêts,* qui étaient en jeu, c'étaient des *droits* » (1).

Cette phrase nous servira de transition toute naturelle pour arriver au discours du 11 décembre, dont le résultat fut de délivrer nos producteurs d'eaux-de-vie des mesures vexatoires et arbitraires édictées par la loi de 1872.

Il nous faut, toutefois, pour bien déterminer la part qui revient à M. Ganivet dans ce résultat, retracer succinctement l'historique de la question.

C'est dans la séance du 30 juillet 1872 que

(1) *Suffrage universel* du 9 février 1876.

commença la discussion générale de la loi qui assujettit les propriétaires aux rigueurs de la déclaration et de l'exercice. Présenté par le gouvernement, soutenu par la gauche, le projet fut vainement attaqué par les représentants les plus autorisés de nos départements vinicoles.

Sentant que leur argumentation se brisait contre un parti pris de ne pas entendre, M. Ganivet tenta une diversion, en déposant une demande d'enquête, qui eut entraîné l'ajournement provisoire de la discussion (1).

Vain effort ! La loi fut votée (2).

On sait combien elle fut préjudiciable à notre industrie charentaise. Il n'est pas besoin d'ajouter

---

(1) Séance du 31 juillet 1872.

(2) Voici le texte de ses principales dispositions :

« ART. 1er. — Tout détenteur d'appareils propres à la distillation d'eaux-de-vie ou d'esprit est tenu de faire au bureau de la régie une déclaration énonçant le nombre et la capacité de ces appareils.

« ART. 2. — Les bouilleurs et distillateurs, qui mettent en œuvre des vins, cidres, etc., provenant exclusivement de leurs récoltes, sont affranchis du paiement de l'impôt général sur les eaux-de-vie et esprits produits et consommés sur place, dans la limite de quarante litres d'alcool par année.

« Sous ces réserves, la législation relative aux distillateurs de profession est rendue applicable aux bouilleurs de crû. »

qu'elle consacrait une véritable atteinte au droit de propriété, sans avoir même pour excuse l'intérêt du Trésor, qui ne tira jamais aucun avantage de ses rigueurs.

La situation des bouilleurs de crû ne parut pas toutefois assez pénible encore aux législateurs de la majorité, qui, le 21 mars 1874, réduisirent, de 40 à 20 litres, la franchise de droit qui leur était accordée.

Le résultat d'une semblable campagne fut celui qu'avaient prédit MM. Ganivet, André, Martell, Arthur Legrand et de Dampierre ; le nombre des bouilleurs, évalué à 400,000 en 1872, diminua d'année en année et la fraude industrielle augmenta en raison directe de cette dépopulation agricole.

Si obstinée que fut la Gauche, dans ses entêtements, un revirement d'opinion ne tarda pas à se produire, en face des protestations incessantes et des résultats négatifs de la nouvelle législation.

MM. Ganivet et André surent saisir l'occasion avec un rare à-propos et, en juin 1875, déposèrent un projet de loi portant abrogation pure et simple de la loi du 2 août 1872.

De leur côté, les républicains, sentant la faute commise, cherchaient à en atténuer les effets en substituant une demi-mesure à la proposition radicale des députés de la Charente. M. Claude (des Vosges) offrit de revenir aux dispositions de la loi de 1872, qui accordait aux propriétaires distillateurs une franchise de 40 litres d'alcool au lieu de 20; M. le marquis d'Andelarre, demanda la réformation de la loi de 1872 elle-même. Aucun n'osa se rallier à l'abrogation.

Le 6 novembre 1875, la Chambre, saisie de cette triple proposition, prit, sur les instances de M. Ganivet et de ses collègues, le parti de renvoyer les trois projets à la commission du budget. C'était pour ainsi dire obtenir une déclaration d'urgence.

En effet, la discussion vint à la séance du 11 décembre suivant ; M. Ganivet prononça le magnifique discours que nous reproduisons *in extenso* sous le n° 4 de l'APPENDICE et, le surlendemain, 13 décembre, une dépêche, publiée par le *Charentais,* annonçait à notre population vinicole que la Chambre venait, par 363 voix contre 221, d'adopter l'amendement Ganivet et André, portant abrogation des mesures vexatoires édictées contre les bouilleurs de crû (1).

(1) Le *Suffrage universel* annonça la nouvelle dans les termes suivants :

« On lira, dans notre compte-rendu de l'Assemblée, le discours de notre honorable député, M. Ganivet, en faveur des bouilleurs de crû.

« Ce discours est la protestation éloquente des intérêts et

Rien ne saurait rendre l'enthousiasme que cette victoire souleva dans nos campagnes. Délivrés des formalités de la déclaration, des rigueurs de l'exercice, des taquineries du fisc, il sembla aux agriculteurs modestes, que la loi de 1872 avait blessés dans leurs intérêts et dans leur amour-propre, qu'ils rentraient, à proprement parler, en possession du droit de propriété, qu'on leur avait ravi.

La popularité de M. Ganivet en fut accrue dans des proportions qu'il n'avait pas prévues lui-

des droits que le Gouvernement de la République foule si lourdement depuis 1872.

« Dans cette protestation, nous retrouvons notre honorable député de l'Appel au peuple avec ses qualités originales, avec sa compétence particulière, et doué de cette faculté, qui le distingue, de rendre claires et même intéressantes les questions les plus complexes et le moins susceptibles de développements attrayants.

« Le talent de M. Ganivet a réussi à convaincre l'Assemblée ; nos bouilleurs de crû sont affranchis de l'exercice. »

Et plus loin :

« Nos bouilleurs de crû sont enfin débarrassés de ce régime vexatoire ; mais, s'ils doivent ne pas oublier que c'est grâce aux efforts de M. Ganivet qu'ils sont affranchis de cette servitude, ils ne doivent pas plus oublier que ce sont les républicains qui la leur ont imposée et voulaient la leur imposer toujours. »

même (1). Son nom pénétra jusqu'aux plus humbles demeures, comme celui du libérateur d'un joug impatiemment supporté, et, deux mois

(1) Les journaux de Paris célébrèrent unanimement son succès personnel.

L'*Ordre* analysait le discours et ajoutait :

« M. Ganivet a su rendre intéressante une question qui ne laisse pas que d'être un peu aride, et, même au milieu des préoccupations politiques de l'Assemblée, il a pu se faire écouter, pendant plus d'une heure, avec la plus complète attention.

« Il a exposé, et avec une rare clarté, la question tout entière des bouilleurs de crû. »

De son côté la *Liberté* s'exprimait ainsi :

« Après avoir décidé qu'elle passerait à la discussion des articles du projet de la commission, *qui maintient l'exercice*, l'Assemblée a commencé l'examen d'un contre-projet de M. Ganivet, qui le supprime purement et simplement.

« Dans un discours d'une très belle ordonnance, l'honorable député de la Charente a parfaitement établi que l'exercice des bouilleurs de crû est une précaution inutile, doublée d'une intolérable et dangereuse vexation.

« L'Assemblée a ajourné la suite de la discussion à lundi pour entendre le ministre des finances. »

Hostile aux bouilleurs de crû, la *Patrie* n'en fut pas moins obligée de reconnaître, en ces termes, le talent de leur défenseur :

« Nous n'en n'avons point fini avec les bouilleurs de crû, qui abusent des préoccupations électorales de l'Assemblée après, aux élections constitutionnelles de 1876, il remporta, bien qu'au scrutin d'arrondissement, un avantage, qui assit définitivement sa fortune politique.

pour multiplier les discours. Nous en comptons trois à la file, dans le même sens. M. Eschasseriaux succède à M. Martell et est remplacé lui-même par M. Ganivet.

« Ce n'est guère qu'avec ce dernier qu'a commencé la lutte sérieuse. Il a fait le procès en règle de la loi du 2 avril 1872, et l'on peut dire que jamais réquisitoire n'a été plus véhément. On ne pouvait croire que la question des bouilleurs de crû excitât des passions aussi vives.

« Du reste, M. Ganivet est d'une compétence indiscutable en cette matière ; il y porte la lumière et, même en résistant à ses conclusions, il faut rendre hommage aux ressources et à la vigueur de son argumentation. Aura-t-il gain de cause ? »

CHAPITRE III.

CHAMBRE DES DÉPUTÉS (1876-1881).

La Constitution du 25 février 1875, en fondant la République à une voix de majorité, avait réorganisé les pouvoirs sur des bases nouvelles. Le pouvoir législatif, notamment, au lieu d'être confié à une assemblée unique, était partagé désormais entre deux Chambres, la Chambre des députés, élue par le suffrage universel, au scrutin d'arrondissement, et le Sénat, composé, pour un quart, de membres inamovibles élus par l'Assemblée nationale, et, pour les trois autres quarts, de représentants désignés, au suffrage restreint, par les départements.

Les premiers jours de l'année 1876 furent donc consacrés, en Charente comme dans toute la

France, à la campagne électorale dont devait sortir le nouveau Parlement.

L'entente ne se fit pas pour tous les sièges, dans les rangs du parti conservateur. L'alliance conservatrice n'était pas encore issue des nécessités de notre défense sociale, et, dans plusieurs arrondissements, Angoulême (1ʳᵉ circonscription), Cognac, Confolens, Ruffec, les candidats impérialistes eurent à combattre simultanément, au premier tour, des candidats monarchistes et des candidats républicains (1).

Dans la seconde circonscription d'Angoulême, toutefois, M. Ganivet fut seul à porter le drapeau de ce qu'on baptisa, dès cette époque, la réaction. Il le fit avec franchise, au nom des principes qu'il avait toujours soutenus, qu'il soutint jusqu'à sa mort : le maintien de l'ordre et de la paix, le respect de la religion et l'appel au peuple, lors de la révision légale des lois constitutionnelles (2).

(1) Au second tour, la concentration s'opéra de façon très loyale. Partout le candidat le moins favorisé se désista au bénéfice de son concurrent plus heureux.

(2) Voir, au n° 5 de l'APPENDICE, le texte de la profession de foi que M. Ganivet adressa le 1ᵉʳ février 1876 aux électeurs des cantons d'Angoulême (2ᵉ partie), d'Hiersac, de Rouillac et de Saint-Amant-de-Boixe.

Ce document, substantiel et concis, est un véritable modèle.

On ne peut s'empêcher de remarquer, après treize ans, combien ce programme a de similitude avec celui qui, aux élections législatives de 1889, réunit en un faisceau les forces éparses de l'armée conservatrice.

Plébiscitaire, M. Ganivet l'avait toujours été.

« Il estime comme nous, écrivait M. Cuneo d'Ornano, que le peuple doit choisir lui-même son gouvernement, ou que, tout au moins, la Constitution, élaborée par les députés, ne doit être que l'organisation des pouvoirs directement créés par le peuple. »

Le plébiscite n'était-il pas d'ailleurs, la doctrine des Napoléons ?

Révisionniste, il l'était depuis le vote de l'amendement Wallon.

Il n'avait voulu sanctionner aucune des dispositions de la Constitution de 1875 ; seul, l'article 8 avait trouvé grâce à ses yeux, parce qu'il conférait aux Chambres le droit de déclarer l'urgence de la révision, et que la révision, c'était l'espoir, alors comme aujourd'hui.

M. Ganivet fut élu, le 20 février 1876, au premier tour de scrutin, par 9181 voix contre 5621 données à son concurrent, M. Marrot.

Ce nouveau succès était, non seulement un témoignage d'estime, mais aussi la récompense des services rendus.

Quelques jours avant le scrutin, le *Charentais,* devenu l'organe du parti orléaniste, écrivait le nom de M. Ganivet, à côté du nom de ses candidats, et l'accompagnait du témoignage suivant, qui ne saurait être suspect, dans la bouche d'un allié, presque d'un adversaire :

« L'honorable M. Ganivet a su se créer par son intelligence, par son activité et sa vive sollicitude pour les intérêts de la région, une influence considérable. Bien audacieux serait celui qui se flatterait de le supplanter dans la confiance des électeurs (1). »

Le 6 mars, M. Ganivet adressa sa lettre de remerciements aux charentais, qui venaient de lui renouveler si spontanément le gage de leur sympathie et de leur confiance.

« Soyez tous persuadés, leur dit il en terminant, que je m'efforcerai toujours de vous donner des preuves de ma reconnaissance, par ma fidélité au drapeau de l'ordre et par mon dévouement à vos intérêts. »

Il tint parole.

A peine arrivé à Versailles, nous le voyons reprendre le chemin de la tribune. C'est précisément un calcul de majorité qui l'y amène (2), un de ces

(1) *Charentais* du 13 février 1876.
(2) Séance du 18 mars 1876.

calculs dans lesquels nous le savons passé maître; et, circonstance bizarre, mais qui dénote à quel point son autorité, en ces matières, était établie, dernièrement, un député de la gauche, M. Philipon, rapporteur de la commission chargée de vérifier l'élection de M. Naquet, invoquait, à l'appui de sa thèse, l'opinion exprimée en 1876 par M. Ganivet (1).

Un peu plus tard, en mai, M. Ganivet reprend la parole pour maintenir les dispositions de la loi du 31 juillet précédent sur la vérification des pouvoirs des conseils généraux.

On se souvient que la loi du 10 août 1871, à la confection de laquelle l'honorable représentant de la Charente prit une part si active, avait donné aux assemblées départementales le droit de vérifier elles-mêmes les pouvoirs de leurs membres. Aucun recours ne pouvait être formé contre leurs décisions.

Cette disposition ne tarda pas à engendrer les plus graves excès, et la loi du 31 juillet 1875 confia au conseil d'Etat le pouvoir que les Conseils généraux s'étaient montrés incapables d'exercer.

(1) Séance du 16 décembre 1889.

« M. LE RAPPORTEUR. — Je vous renverrai alors aux discussions, qui ont eu lieu en 1876, et au discours très juridique et très sensé qu'a prononcé un des vôtres, qui était entièrement de l'opinion que j'exprime, M. Ganivet. »

La législation nouvelle, toutefois, ne trouva pas grâce devant tous les esprits. Ceux, que n'effrayait pas la perspective de voir la politique substituée aux raisons de droit, déploraient la perte du pouvoir exorbitant dont certaines assemblées avaient fait un usage plus qu'équivoque. M. Lisbonne fut de ceux-là et développa une proposition tendant au retour à la loi de 1871.

C'est cette proposition que M. Ganivet combattit, avec un certain nombre de ses collègues, et réussit à faire écarter, puisque nous sommes toujours sous le régime de la loi de 1875.

L'année 1876, année de transition, est d'ailleurs peu chargée au point de vue des lois d'affaires. La passion politique s'était introduite dans les débats parlementaires, à la suite de la constitution Wallon, et M. Ganivet dédaignait ces passes d'armes d'une éloquence sans profit.

Le 10 juillet, cependant, il intervint pour défendre, contre les rigueurs de la commission d'initiative, une proposition de M. Thoinnet de la Turmelière, ayant pour objet de modifier la loi du 15 avril 1829 sur la pêche fluviale (1). Mais il ne parvint pas à faire voter la prise en considération.

(1) Le but de la proposition était de partager la France en zônes, pour la pêche, comme elle l'était déjà pour la

Quelques jours après, il soutint, avec non moins de conviction mais sans plus de bonheur, une proposition, dont il était l'auteur, et qui avait pour objet de faire payer par la régie des contributions indirectes, aux villes soumises au régime de la taxe, des remises proportionnelles, à raison de tous les droits perçus par les octrois au profit du Trésor (1).

chasse, confiant ainsi au ministre, éclairé par les vœux des conseils généraux, le soin d'accorder à chaque département le régime le plus conforme à ses intérèts.

Sous l'empire de la loi de 1829, c'était le conseil d'Etat qui réglait, uniformément pour toute la France, le régime de la pêche fluviale.

(1) Quelques éclaircissements sont nécessaires.

Une loi de 1875 avait supprimé l'exercice, dans les villes de dix mille âmes et au-dessus, pour le remplacer par une taxe unique. En d'autres termes, elle avait décidé que le droit de circulation, désormais payable au lieu d'arrivée, serait réuni au droit de détail et au droit d'entrée entre les mains des préposés de l'octroi, chargés de la perception des deniers de l'Etat en même temps que des deniers municipaux. M. Ganivet trouvait juste que, de ce chef, une remise fut consentie par l'Etat aux municipalités sur les sommes perçues pour son compte. Mais la Chambre fut effrayée à la pensée de l'atteinte grave qu'éprouverait le Trésor s'il rémunérait des services qu'on lui avait rendus gratuitement jusque-là, et, conformément aux conclusions de la commission, refusa la prise en considération.

M. Ganivet apprit ainsi que l'équité n'est pas toujours la loi des parlements.

A signaler aussi, tout particulièrement, à la reconnaissance de nos populations charentaises, l'éloquent plaidoyer prononcé en faveur d'une demande d'enquête parlementaire aux fins d'obtenir la diminution des droits qui grèvent les vins.

La proposition, déposée par M. Robert Mitchell et tous les députés de la Charente à la séance du 26 décembre 1876, fut soutenue à la tribune par M. Ganivet, qui faillit triompher des résistances de la Chambre. L'enquête ne fut repoussée qu'à sept voix de majorité (1).

Notons encore une réclamation en faveur des maisons d'écoles, faite au cours de la discussion du budget (2), et le dépôt d'une proposition de loi tendant à augmenter la tolérance accordée aux expéditeurs sur les déclarations d'alcools, vins et spiritueux (3).

L'année 1877 ne fut pas, au point de vue parlementaire, beaucoup plus remplie que sa devancière. Le gouvernement du Maréchal se heurtait aux menées d'une majorité ambitieuse. Les lois d'affaires étaient sacrifiées aux escarmouches, qui

(1) M. Ganivet d'ailleurs, réélu l'année suivante, déposa la même demande sur le bureau de la Chambre, dès la rentrée du Parlement (29 novembre 1877).

(2) Séance du 31 juillet.

(3) Séance du 11 décembre.

aboutirent au coup d'Etat constitutionnel classé dans l'histoire sous l'étiquette du Seize Mai.

M. Ganivet eut pourtant, sans parler d'une improvisation fort heureuse sur une question de règlement intérieur (1), l'occasion de prendre la parole à plusieurs reprises, notamment dans la discussion de la loi municipale. Il insista sur l'insuffisance du délai d'un mois accordé par l'article 20 au conseil de Préfecture pour statuer sur les contestations en matière d'élection (2) et obtint la satisfaction de voir déclarer par le rapporteur que, même au-delà de ce terme, le Conseil de Préfecture pourrait statuer, si le conseil d'Etat n'était pas saisi.

De même il fit décider que le conseiller, dont l'élection serait contestée, siègerait néanmoins jusqu'à ce que celle-ci fut annulée (3).

Il déposa, en outre, un certain nombre de propositions, qui n'eurent pas le temps d'être discutées, mais furent toutes reprises au cours des législatures suivantes.

(1) Séance du 1er mars 1877.

(2) Passé ce délai, le conseil d'Etat pouvait être saisi, ce qui privait les intéressés d'un premier degré de juridiction, lorsque les longueurs de l'enquête ne permettaient pas de statuer dans les trente jours.

(3) Cette disposition réformait le principe de la loi de 1831.

Citons :

1° Une proposition de loi tendant à rendre exclusivement obligatoire l'alcoolomètre centésimal de Gay-Lussac.

Élu membre de la commission chargée d'examiner cette proposition, M. Ganivet parvint à faire de cette proposition une loi définitive, qui a été votée, à l'unanimité, par la Chambre des députés et par le Sénat.

2° La reproduction de la proposition déjà faite à deux reprises et réclamant l'organisation des bureaux de préfectures et de sous-préfectures.

3° Une proposition tendant à faire dégrever de l'impôt foncier les vignes ravagées par le phylloxera.

Nous avons parlé plus haut de la demande d'augmentation de 1 p. 100 sur le degré et sur la contenance de la tolérance accordée aux expéditeurs d'eaux-de-vie (1).

(1) A citer encore, pour mémoire, un rapport fort intéressant déposé, à la séance du 1er mars, par M. Ganivet, au nom de la commission d'initiative parlementaire, sur la proposition de M. Joseph Morel, du Nord, tendant à la création, pour tous les Français, d'un casier civil correspondant au casier judiciaire.

Tout en concluant à la prise en considération, le rapport démontre facilement qu'une telle disposition serait irréalisable et même dangereuse pour la paix des citoyens.

Mais les évènements marchaient ; le 16 Mai, la crise ministérielle éclata et bientôt la Chambre fut renvoyée devant le pays (1). On sait ce qu'il en advint.

En Charente, les élections furent, à peu de choses près, ce qu'elles avaient été l'année d'avant. M. Ganivet retrouva le même succès qu'au précédent scrutin.

Pouvait-il en être autrement d'ailleurs ? Est-ce que la reconnaissance, l'estime, l'admiration même des électeurs, ne créaient pas d'indissolubles liens entre eux et leur mandataire ?

Hélas ! elles créaient aussi la confiance, la confiance perfide, qui, quatre ans plus tard, devait favoriser la plus étonnante surprise que jamais le suffrage universel, bien capricieux pourtant, ait ménagé à ses élus.

Mais n'anticipons pas. L'élection du 14 octobre 1877 fut et devait être un triomphe.

« La candidature de M. Ganivet, disait un journal d'Angoulême, à la veille du scrutin (2), est si énergiquement imposée par la reconnaissance publique, que ses adversaires eux-mêmes n'ont pas osé la combattre au grand jour ».

(1) Le décret de dissolution est daté du 25 juin.
(2) *Suffrage universel* du 14 octobre 1877.

« M. Alban Ganivet, écrivait-on à la même époque, est de ceux qui forcent le respect et l'estime de leurs adversaires mêmes, obligés de s'incliner devant l'autorité incontestée d'une attitude politique irréprochable et de nombreux services rendus. »

De tels témoignages, quand ils se produisent dans l'effervescence d'une lutte électorale sans soulever de contradiction, sont assurément le plus bel éloge qu'on puisse faire du caractère d'un homme politique.

Les 9,000 électeurs, qui avaient acclamé M. Ganivet, le 20 février 1876, lui réitérèrent, le 14 octobre, l'expression de leur confiance ; il fut élu à une forte majorité (1) et, pour la troisième fois, alla soutenir les intérêts de la Charente à la Chambre. Ils ne pouvaient être en de meilleures mains.

Le 4 novembre suivant, une nouvelle épreuve, un nouveau triomphe attendaient M. Ganivet.

Cédant aux sollicitations d'un grand nombre d'électeurs du canton d'Hiersac, et préoccupé de garder le drapeau de l'ordre des compromissions

(1) M. Ganivet obtint 9158 voix et M. Marrot 6681. L'ardeur de la lutte, soutenue contre la politique du Seize Mai, suffit à expliquer les 1000 voix nouvelles, qui se portèrent sur le candidat républicain, sans que M. Ganivet ait perdu un seul de ses suffrages.

dont il était menacé, il se présenta au Conseil général contre M. Mathieu-Bodet, ancien député, ancien ministre des finances, président de notre assemblée départementale, où il siégeait depuis trente-deux ans.

L'évènement confirma le sentiment des promoteurs de sa candidature. Il fut élu dans les conditions les plus flatteuses. Ajoutons qu'avant de consentir à se poser en adversaire de M. Mathieu-Bodet, il avait demandé à celui-ci de s'engager, dans sa profession de foi, à donner un concours absolu à la politique du Maréchal, qui personnifiait alors la cause de l'ordre. Ce n'est qu'en présence du refus de l'ancien ministre, qu'il se décida, dans l'intérêt du parti conservateur, à relever la bannière que celui-ci laissait échapper de ses mains (1).

Revenant aux annales parlementaires, notons, dans les premiers jours de janvier 1878, le dépôt par M. Ganivet, en son nom et au nom d'un certain nombre de ses collègues, d'une proposition de loi tendant à affranchir du droit de circulation les boissons que les propriétaires, colons partiaires ou fermiers font transporter du pressoir dans leurs caves, ou de leurs caves dans d'autres caves leur appartenant, soit sur le territoire

(1) Il suffit, pour s'en convaincre, de se reporter aux votes de M. Mathieu-Bodet à l'Assemblée nationale.

du même département, soit du département à des arrondissements limitrophes (1).

Quelques jours plus tard, nous trouvons le dépôt d'une proposition signée Ganivet, André, Laroche-Joubert et Gauthier portant abrogation de la loi du 28 juillet 1876 sur les allumettes chimiques.

Cette loi punissait la simple détention d'allumettes de provenance frauduleuse et autorisait la compagnie concessionnaire du monopole à pratiquer des visites domiciliaires chez les particuliers pour en faire la recherche.

On conçoit que nous ne fassions qu'indiquer ici ces divers projets, sur lesquels nous aurons à revenir lors de leur discussion.

A la séance du 4 février, M. Ganivet prit la parole pour protester contre l'unification de taxe des dépêches départementales et interdépartementales.

On discutait la réforme du service télégraphique. L'article premier du projet fixait la taxe à 5 c. par mot, sans que le prix de la dépêche put être inférieur à 50 c., et M. Eschassériaux proposait un amendement tendant à faire adopter, pour les

(1) Cette proposition n'était qu'un retour à la loi du 17 juillet 1819, par l'abrogation des dispositions restrictives de la loi de 1841 et du décret de 1852 sur la matière.

dépêches échangées dans l'intérieur d'un département, une taxe de 2 c. 1/2 par mot, avec un minimum de 25 cent. Plusieurs députés, notamment M. Cochery, sous-secrétaire d'Etat aux finances, ayant combattu cette disposition essentiellement rationnelle, M. Ganivet la défendit avec l'ardeur que lui inspirait toujours l'intérêt de ses commettants.

L'assemblée, toutefois, cédant à des préoccupations budgétaires, refusa de le suivre et l'amendement Eschassériaux fut repoussé.

C'est dans le même esprit, également préoccupé de procurer un avantage à ceux qu'il avait reçu mandat de défendre, qu'un mois plus tard, à la séance du 11 mars, M. Ganivet proposa une disposition additionnelle à l'article premier du projet de loi portant réforme du système postal.

Cet article disposait que la taxe des lettres, élevée en 1871 à 25 c. de bureau à bureau et à 15 c. dans l'intérieur d'un même bureau, serait uniformément réduite à ce dernier chiffre. M. Ganivet intervint une fois encore, sollicitant, pour les lettres nées et distribuées dans la circonscription d'un même bureau, un abaissement proportionnel à celui consenti pour les lettres allant de bureau à bureau.

Si juste que semblât sa thèse, si conforme qu'elle fût aux précédents, il ne réussit pas à la faire triompher. Vainement fit-il ressortir que sa cause

8

était celle des petits. La théorie de la simplification l'emporta sur celle de l'équité. La proposition fut repoussée à la demande du rapporteur, M. Wilson, qui n'eut pour cela qu'à évoquer le spectre du déficit. M. Ganivet avait cependant démontré que l'extension des correspondances, nécessairement entraînée par l'abaissement de la taxe, suffirait à compenser la différence qui en résulterait.

Quelques jours auparavant, avait eu lieu le gros débat relatif au rachat du chemin de fer des Charentes et à l'incorporation de diverses lignes d'intérêt local dans le réseau d'intérêt général.

M. Ganivet ne pouvait manquer de donner son opinion sur une question qui intéressait si directement son département. Il le fit avec sobriété mais conviction. Nul mieux que lui ne connaissait une affaire dont il avait sondé tous les dessous. Son discours peut se résumer en un mot : la nécessité du rachat, devenu la seule planche de salut des populations, des capitalistes et de l'Etat.

On sait qu'après une discussion laborieuse, qui n'occupa pas moins de cinq séances, et où tous les économistes de la Chambre prirent successivement la parole, c'est la solution qui triompha.

Non moins locales, non moins compétentes furent, l'automne suivant, les réflexions inspirées à M. Ganivet par une proposition de

MM. Devès, Laffite et La Joannenque sur le phylloxera.

Ces messieurs proposaient de mettre à la disposition du ministre de l'agriculture et du commerce les ressources nécessaires pour rechercher, dans les départements envahis par le fléau, les moyens les plus efficaces de défense et de reconstitution du vignoble.

Sans contester l'utilité de ces recherches, M. Ganivet fit part à l'assemblée des doutes qu'il concevait sur leur résultat. Les mesures administratives, quelle que fût la sollicitude qui présidât à leur application, ne guériraient pas un mal, contre lequel aucun moyen curatif ni préventif n'avait pu être découvert encore, et les 500,000 francs, demandés pour faciliter des recherches nouvelles, risquaient fort d'être, comme les crédits précédemment votés, gaspillés en pure perte.

Un remède plus efficace s'offrait pour soulager les souffrances de l'industrie viticole ; ce remède émanait du Sénat et de l'initiative de M. Eschassériaux. Il consistait à favoriser la reconstitution du vignoble, soit au moyen de secours aux viticulteurs, soit au moyen du dégrèvement de l'impôt foncier pour les terrains phylloxérés.

Quoi de plus légitime que cette remise de l'impôt au propriétaire dont la récolte est détruite par un cas de force majeure ? Quoi de plus efficace que ce secours accordé à des contribuables écrasés par une redevance, que la terre les laisse impuissants à payer ?

La Chambre écouta en silence la parole éloquente du député de la Charente ; elle applaudit même à sa conclusion, mais n'en vota pas moins les crédits demandés par M. Devès et ses collègues. Il est vrai qu'elle était décidée à repousser la proposition adoptée par le Sénat.

Le 23 janvier suivant, celle-ci vint en discussion. La commission concluait au rejet ; M. Ganivet, sans perdre courage, monta à la tribune et combattit ces conclusions. Vaine tentative. M. Marcel Barthe, sentant la majorité fléchir, provoqua un incident d'ordre parlementaire. Il prétendit que le Sénat, depuis le vote de la loi, avait subi un renouvellement triennal, c'est-à-dire avait eu un tiers de ses membres renouvelés par l'élection ; qu'en conséquence, la proposition devait lui être retournée pour recevoir une sanction nouvelle.

Cet artifice suffit à enlever l'ajournement de la discussion. Quand, un mois plus tard, elle revint à l'ordre du jour, le siège de l'assemblée était fait. M. Devès n'eut pas de peine à triompher de ses dernières hésitations. Même, il noircit de telle sorte le tableau des conséquences budgétaires qu'entraînerait le principe des secours aux viticulteurs, que M. Ganivet put à peine placer quelques mots de réplique. Cette fois, on ne consentit même pas à l'entendre et la proposition fut rejetée par 242 voix contre 170.

On sait que plus tard elle devait être reprise et triompher sous la forme du dégrèvement des terrains phylloxérés.

Le mois de mars 1879 fut presque entièrement consacré à la discussion des lois d'enseignement, auxquelles M. Paul Bert a, en quelque sorte, attaché son nom.

Frappé, comme tous les bons citoyens, comme tous ceux du moins que n'aveuglait pas l'esprit de secte, du caractère à la fois inutile et dispendieux de cet acte de démence, qu'on a baptisé la folie des palais scolaires, M. Ganivet, sans se poser en adversaire de l'instruction largement répandue et mise à la portée de tous, s'éleva contre les charges écrasantes, dont les projets de la commission allaient accabler le département et la commune.

C'est ainsi qu'à la séance du 18 mars, il fit remarquer que l'obligation, pour chaque département, d'entretenir une école normale primaire entrainerait non seulement un loyer de dix à douze mille francs, en moyenne, mais, dans certains cas, des constructions dont le prix ne s'élèverait pas à moins de 300.000 francs. Où les conseils généraux prendraient-ils les crédits nécessaires pour faire face à d'aussi lourdes obligations ?

Nous avons à peine besoin d'indiquer qu'il ne fut tenu aucun compte de ces observations, si sensées pourtant, si pleines du sentiment exact d'une situation destinée à s'aggraver d'année en année, l'expérience l'a suffisamment démontré.

La politique, depuis le triomphe du radicalisme, avait envahi le champ des affaires. L'équité, la sagesse, l'intérêt du pays n'étaient plus que de vains mots. Suivant le banc d'où partait une motion, celle-ci était adoptée ou condamnée d'avance. Aussi verrons-nous la parole, si écoutée la veille, de M. Ganivet se heurter maintenant à une opposition continue, au point de sembler systématique.

A part son triomphe dans la question du vinage des vins, triomphe sur la nature duquel nous aurons à nous expliquer tout à l'heure, ses efforts, comme ceux de ses collègues, n'aboutirent le plus souvent qu'à un échec.

Nous avons tenu à honneur d'en faire ici la remarque; car, loin de diminuer le mérite de l'œuvre dont il nous reste à rendre compte, elle en augmente la valeur, de tout le prix qui s'attache à une conscience qu'aucun écueil ne rebute, dans l'accomplissement de son devoir.

C'est ainsi qu'au moment de la délibération sur le projet de loi relatif au classement du réseau complémentaire des chemins de fer d'intérêt général (1), M. Ganivet intervint, à plusieurs reprises, notamment au sujet des lignes : 1º de Cognac à Ruffec, par Sigogne, Rouillac, Aigre et Villefagnan ; 2º d'Angoulême à Matha, par Hiersac et Rouillac.

Les deux amendements, déposés de concert avec un certain nombre de députés de la Charente et de la Charente-Inférieure, ne furent pas adoptés.

On se souvient de la partialité, de la mesquinerie, de la passion en même temps, qui présidèrent à ce débat électoral.

Comme le dit fort justement M. Haentjens, il ne s'agissait, après tout, sous couleur de grande réforme, que d'élaborer un programme toujours susceptible d'être ultérieurement modifié. Le programme donnait satisfaction à bien des intérêts, et ceux, qui n'étaient pas appelés, pouvaient néanmoins garder l'espoir d'être élus.

Qu'importaient, en de telles conditions, les titres, les raisons, les besoins invoqués ? Il n'était pas question d'un travail à réaliser. M. de Freycinet lui-même, alors ministre des travaux publics, n'avait-il pas déclaré que quatre ans s'écouleraient avant que le premier coup de pioche fut donné ?

Quatre ans ! Tout un monde. L'essentiel, pour le présent, était de donner des satisfactions électo-

(1) Séances des 29 et 31 mars 1879.

rales aux députés de la majorité, au détriment de leurs adversaires. Et l'on n'y faillit pas.

Bientôt, cependant, M. Ganivet devait prendre une éclatante revanche.

A la séance du 24 mai, l'ordre du jour appela la discussion d'un projet de loi tendant au dégrèvement des alcools employés au coupage des vins et à la modification de l'impôt sur les vins alcoolisés (1).

L'opération, que le projet tendait à favoriser, porte un nom dans l'industrie vinicole ; c'est ce qu'on a baptisé : le vinage.

Une assez vive opposition salua cette tentative, que la commission avait accueillie parallèlement à une proposition, émanant de l'initiative parlementaire, sur le dégrèvement des sucres employés au sucrage des vendanges.

Les deux cas, cependant, étaient bien distincts. Le sucrage ne compromet pas la santé publique et ne favorise pas la fraude en permettant le dédoublement. Le vinage, au contraire, est un triple danger, pour le consommateur, dont il entraîne l'intoxication par l'alcool industriel, pour le Trésor, qu'il permet de frauder d'une partie de ses droits, pour notre agriculture enfin, dont il compromet les intérêts, en favorisant la concurrence étrangère.

(1) Projet du Gouvernement.

En quoi consiste, en effet, cette opération ? A mélanger différents liquides, vins du Midi ou d'Espagne, alcool de betterave ou de grain, autres substances encore, de façon à produire un vin scientifique à 15°, lequel, une fois introduit dans les villes, se dédouble à l'aide d'additions d'eau. Nos vins naturels ne dosant généralement que 8° à 9°, on conçoit la concurrence déloyale qui peut leur être faite par ce procédé et les pertes que doit en éprouver le Trésor.

C'est cependant cette sophistication frauduleuse que le gouvernement proposait de couvrir du manteau de la légalité, sous le prétexte de tirer au moins quelque chose d'une situation que le fisc se déclarait impuissant à faire cesser (1).

Comme l'exprimèrent divers orateurs, notamment M. Ganivet (2), la loi proposée pouvait être fiscale (ce qui n'est même pas certain), mais, à coup sûr, elle n'était pas morale, l'encouragement de la falsification et de la fraude n'ayant jamais eu ce caractère.

Ce court exposé suffit à rappeler le terrain sur lequel, après MM. Guichard et Jean David,

(1) Le projet soumis à l'assemblée dégrevait l'alcool employé au vinage et remplaçait le droit exorbitant de 156 fr. 25 par la taxe illusoire de 20 francs.

(2) Voir le texte in extenso de son discours sous le n° 6 de l'APPENDICE.

M. Ganivet combattit et, nous l'avons dit, triompha des résistances du gouvernement. Vainement M. Escanyé, en sa qualité de rapporteur de la commission, M. Devès et M. Léon Say, ministre des finances, essayèrent-ils d'entraîner la Chambre. La démonstration de l'honorable député de la Charente fut si claire, son argumentation si topique que les préventions politiques de la majorité durent céder le pas, pour cette fois, à la raison économique.

La Chambre refusa de passer à la discussion des articles et le projet fut enterré.

Peut-être trouverait-on le motif de cette décision dans la phrase suivante du discours de M. le comte de Bouville : « Vous voulez créer un privilège au profit de sept départements et au détriment de soixante, ce n'est pas juste ! »

Soixante contre sept ! Voilà bien la morale de l'incident. Seulement, cette fois, l'intérêt électoral ne se trouvait en contradiction ni avec l'équité, ni avec le droit des contribuables.

L'avantage remporté par M. Ganivet, dans cette question du vinage, eut, en Charente, un retentissement analogue à celui des bouilleurs de crû. De tels succès suffisent à la gloire d'une législature. Mais l'activité de l'honorable représentant n'était pas de celles qui s'endorment sur les lauriers conquis. Il intervint à nouveau, la même année, cette fois en faveur des facteurs ruraux.

M. Cochery, alors ministre des postes, demandait à la Chambre de voter un crédit de 500,000 francs, pour apporter quelque adoucissement au sort des malheureux piétons, que le grand hiver éprouvait cruellement. M. Ganivet approuva cette demande, mais insista pour que la somme, au lieu d'avoir le caractère d'un crédit exceptionnel, devint, au moment de la discussion du budget, le point de départ d'une réforme tendant, d'une part, à relever le traitement des facteurs ruraux et, de l'autre, à diminuer la fatigue excessive imposée à certains d'entre eux.

Le Parlement devait, bien parcimonieusement d'ailleurs, faire, un peu plus tard, droit à cette requête.

Au mois de mai 1880, nous relevons deux discours, l'un relatif aux tarifs douaniers, l'autre sur la lettre d'obédience. Nous en devons l'analyse sommaire à ceux qui nous ont suivi jusqu'ici.

C'est naturellement une question de vin et d'alcool, qui, dans l'ensemble de la discussion sur les tarifs douaniers, attira plus particulièrement l'attention de M. Ganivet. La commission chargée d'arrêter le quantum des nouveaux droits avait fixé à 4 fr. 50 la taxe imposée à l'entrée des vins étrangers ; mais elle avait en même temps décidé, non sans tergiversations, que le titre, au-dessus duquel ces vins acquitteraient le droit d'importation sur l'alcool, serait fixé à 15 0/0.

C'était favoriser encore une fois la concurrence étrangère et permettre, par le dédoublement, une fraude analogue à celle qu'eut encouragée la loi sur le vinage. Mais, moins heureux que l'année précédente, M. Ganivet et M. Guichard, auteur d'un amendement tendant à abaisser à 12 degrés le titre des vins importés, se heurtèrent, cette fois, à des considérations d'ordre économique, dont ils ne purent triompher.

Même accueil fut fait, quelques jours plus tard, à la tentative de M. Ganivet, en faveur des institutrices congréganistes, dont la loi en discussion, sur l'enseignement primaire, méconnaissait ouvertement les droits acquis. Nous voulons parler de la suppression de la lettre d'obédience.

On sait que la loi du 15 mars 1850 avait créé un privilège en faveur des institutrices appartenant à des congrégations religieuses. Il s'agissait, à cette époque, de développer l'enseignement primaire ; il fallait trouver partout le personnel enseignant, que les concours ne pouvaient pas fournir immédiatement : on autorisa les institutrices congréganistes à enseigner sous le couvert de la lettre d'obédience, titre décerné par l'autorité ecclésiastique et leur tenant lieu de brevet.

La loi de 1880 supprimait la lettre d'obédience,

brisant ainsi des carrières, qui, sur la foi d'un texte législatif, pouvaient se croire à l'abri d'une telle éventualité. Son article 4 n'exceptait de cette proscription que les directrices d'écoles et de salles d'asile ayant plus de 45 ans d'âge et dix années d'exercice, en qualité de directrices.

Etait-ce suffisant ? L'exception consentie par la loi n'était-elle pas une reconnaissance implicite du caractère de non-rétroactivité qu'elle devait affecter ? Ne fallait-il pas, en tous cas, étendre le bénéfice de l'article 4, de manière à ne léser aucun des intérêts légitimement acquis ? C'est la thèse que M.. Ganivet soutint, sans réussir toutefois à vaincre les résistances d'une majorité déjà soumise à l'influence laïcisatrice, qui devait bientôt dominer tous ses conseils.

Notons encore, sans nous y arrêter, le discours que l'honorable député de la Charente prononça, le 2 juillet de la même année, pour saluer la détermination, prise par le gouvernement, de dégrever les sucres et les vins.

Il y a bien un peu d'ironie dans les compliments qu'il adresse au ministre des finances sur sa libéralité ; il y a des critiques aussi à l'adresse de la commission, mais le fait domine tout. C'était un pas et un pas considérable accompli dans la voie des soulagements instamment réclamés par l'agriculture. Pourquoi faut-il qu'un si beau jour soit resté sans lendemain ?

Enfin, le 27 novembre 1880, M. Ganivet prit la parole, dans la discussion sur la gratuité de l'enseignement, et ajouta au chapitre de ses succès oratoires une des pages les plus dignes de son œuvre.

Il défendit, avec l'ardeur de sa foi révoltée, le droit des communes pauvres, que la contribution, rendue obligatoire, des 8 centimes additionnels facultativement prévus par les lois antérieures, allait écraser, au point de rompre à jamais l'équilibre de leur modeste budget.

Il développa cette idée, si souvent reprise depuis, que la gratuité pour tous, obtenue à l'aide de charges imposées à tous, n'aurait d'autre effet que de grever les moins favorisés de la fortune au profit de ceux qui, plus aisés, payaient auparavant, sans se plaindre, une redevance dont la loi nouvelle ne les affranchissait même pas totalement.

Il reprocha vivement au gouvernement et à la commission d'avoir engagé l'avenir des communes, sans même s'être éclairés par une enquête auprès des conseils compétents.

Il fit en un mot le procès, et le procès éloquent, des lois scolaires. Mais sa voix devait rester sourde. Il ne s'adressait plus à des juges ; la cause était entendue avant qu'il parut à la barre. On le lui fit impatiemment sentir et l'amendement Daguilhon-Pujol, qu'il défendait, fut repoussé par 281 voix contre 180.

L'année suivante fut la dernière du mandat que M. Ganivet avait reçu des électeurs de 1877, la dernière, avant la lacune de quatre années, dont un injustifiable caprice du scrutin marqua sa carrière parlementaire.

Avant d'aborder l'examen des circonstances, qui accompagnèrent cet événement, avant de rappeler les témoignages, cent fois plus flatteurs qu'un succès, dont son échec fut entouré, avant de peindre la stupeur des électeurs trop confiants, qu'un regrettable abandon avait éloignés des urnes, nous devons enregistrer encore les deux grands discours, qui signalèrent, pour M. Ganivet, la session de 1881.

C'est d'abord, à la séance du 27 mai, le développement d'un amendement signé : Ganivet, Laroche-Joubert, René Gautier, Jolibois et Eschassériaux, tendant à dispenser du service militaire, en temps de paix, les élèves des grands séminaires et les jeunes gens destinés à l'exercice des autres cultes, sous la condition d'un engagement de dix ans à partir de leur ordination ou consécration (1).

(1) Voici le texte de cet amendement :
« Les paragraphes 5 et 7 de l'article 20 (dispenses) de

Ce que réclamaient les signataires de l'amendement, ce que M. Ganivet demanda à la tribune, c'était un simple retour à l'esprit de la loi de 1832, qui exceptait du service militaire les instituteurs et les élèves des grands séminaires, non pas comme individus, mais comme futurs fonctionnaires de l'Etat.

L'exception, ainsi comprise, n'avait pas le caractère d'un privilège ; il ne s'agissait pas, en effet,

la loi du 27 juillet 1872, sur le recrutement de l'armée, sont remplacés par les dispositions suivantes :

« § 5. — Les élèves des grands séminaires régulière-
« ment autorisés à continuer leurs études ecclésiastiques,
« les jeunes gens autorisés à continuer leurs études pour
« se vouer au ministère dans les autres cultes salariés
« par l'Etat, sous la condition que les premiers seront
« entrés dans les ordres majeurs à 25 ans accomplis et
« que les seconds auront la consécration dans l'année
« qui suivra celle où ils auraient pu la recevoir et que
« les uns et les autres contracteront l'engagement de se
« vouer à l'exercice du culte paroissial pendant dix an-
« nées, à compter de ladite époque de leur ordination
« ou consécration. Dans le cas où ils ne satisferaient
« pas à l'une de ces conditions, ils seront soumis aux
« obligations du service militaire imposées par la loi ;
« la présente dispense n'est pas applicable au temps de
« guerre.

» Maintenir les autres dipositions de l'article 20 de la
« loi du 27 juillet 1872 et de l'article 70 du 15 mars 1850,
« relatives aux instituteurs et membres de l'instruction
« publique. »

de favoriser une classe de citoyens, mais d'assurer un service public, dont le fonctionnement est réglé par le concordat. La condition formelle de l'engagement décennal dissipait toute équivoque à cet égard. En outre, étant donnés le principe du service obligatoire et les nécessités de la guerre moderne, l'exemption de la loi de 1832 se transformait, dans l'amendement, en simple dispense, applicable au temps de paix seulement. En temps de guerre tout le monde restait soldat.

Tel était d'ailleurs l'esprit d'un contre-projet présenté par M. Bardoux et un certain nombre de ses collègues du Centre gauche (1), projet auquel M. Ganivet n'hésita pas à se rallier, dans l'intérêt de la doctrine qui leur était commune.

On sait qu'après une discussion, au cours de laquelle tous les amendements furent successivement rejetés, le gouvernement, sentant que le projet de la commission lui-même était menacé, se rallia, par l'organe de M. Jules Ferry, à une proposition qui se rapprochait, en plus d'un point, du contre-projet Bardoux.

Cette proposition fut votée, dans la séance du lendemain, par 334 voix contre 132 et devint ainsi la loi.

(1) Notamment MM. Ribot, Beaussire, Marcel Barthe et Renault Morlière.

Terminons cette seconde période de la vie parlementaire de M. Ganivet en rappelant l'amendement qu'il déposa et soutint, à la séance du 12 juillet
suivant, sur les sociétés coopératives de vins.

Cet amendement, également signé par M. Laroche-
Joubert, était ainsi conçu :

« Les boissons, que les sociétés coopératives de
« consommation, formées entre ouvriers, livrent
« exclusivement à leurs sociétaires pour leur
« usage personnel et pour celui de leurs familles
« demeurant avec eux, sont affranchies des droits
« de détail. »

La question est si simple, elle découle d'un tel
principe d'équité, que nous ne croyons pas nécessaire de la développer longuement ici. Comme le
dit fort exactement M. Ganivet, il ne s'agissait
pas d'un dégrèvement susceptible de compromettre
l'équilibre du budget, mais du simple règlement
d'une difficulté de jurisprudence.

Le conseil d'Etat, compétent en ce qui concerne
les sociétés coopératives de consommation, avait
décidé que celles-ci ne pouvaient être considérées
comme faisant le commerce, et partant taxées
comme telles ; la Cour de cassation, saisie de la
question par le fisc, avait, au contraire, jugé que
les vins consommés par ces sociétés devaient être
soumis à tous les droits, qui atteignent le commerce
de détail.

C'est la condamnation de cette dernière jurisprudence que réclamaient MM. Ganivet et Laroche-Joubert.

Faut-il le dire ? Ils ne l'obtinrent pas.

Tout le monde fut d'accord pour reconnaître l'exactitude de la théorie, qui servait de base à leur amendement ; l'administration des contributions indirectes elle-même l'avait tacitement reconnue en évitant, le plus souvent, de percevoir les droits dont M. Ganivet demandait l'abrogation officielle. Mais, au moment de consacrer le principe, sur lequel l'entente semblait faite, il se trouva une majorité pour repousser l'amendement.

Explique qui pourra la logique des assemblées parlementaires.

CHAPITRE IV.

DISCOURS — ECRITS — CONSEIL GÉNÉRAL
(1877-1888).

Un journal d'Angoulême écrivait, le 13 octobre 1877, à la veille de l'élection qui affirma, pour la troisième fois et de façon si éclatante, les sentiments de la population charentaise à l'égard de M. Ganivet, cette phrase imprudente, qui pourrait servir d'épigraphe au souvenir que nous allons rappeler :

« M. Ganivet pouvait se dispenser d'écrire une profession de foi nouvelle. N'eût-il posé aucune affiche, n'eût-il fait distribuer aucun bulletin, son nom fût, le jour du scrutin, sorti victorieux avec une majorité écrasante. »

Le résultat confirma cette assertion, qui semblait, en effet, ressortir de la nature même des choses. Nous avons vu que M. Ganivet fut réélu, sans que, pour ainsi dire, il ait eu à faire campagne. Mais ce sont des témoignages comme ceux-là, ce sont les explosions d'une amitié irréfléchie ou d'une admiration trop sincère, qui engendrent la confiance, cette sœur aînée de l'inertie, que l'on peut considérer, à bon droit, comme la plus lourde des fautes en matière d'élection.

Quand revint, pour M. Ganivet, le temps d'une nouvelle campagne, il crut devoir se borner à un appel plein de discrétion, à l'adresse de ses électeurs. Dans une lettre, écrite le 9 août 1881, dix jours avant le scrutin, il leur rendit un compte sommaire de son mandat.

« Pour la quatrième fois, dit-il en commençant, je sollicite l'honneur d'obtenir vos suffrages. »

Cette phrase exprime tout, le sentiment du devoir accompli, la foi dans les témoignages fournis, le sacrifice consenti d'une nouvelle période de soucis et de labeur.

« Vous m'avez donné mission de veiller spécialement sur vos intérêts agricoles et commerciaux, ajoute-t-il, développant la même pensée. Je crois n'avoir pas failli, depuis dix ans, à l'accomplissement de ce devoir, que m'imposait votre confiance. J'ai consacré toute mon activité à la défense de vos droits dans les questions d'impôts, de chemin de fer et autres. Je sais que beaucoup d'entre vous se rappellent encore la persistance avec laquelle j'ai combattu les lois qui frappaient nos bouilleurs de crû et nos produits vinicoles. Ma vigilance et mon dévouement seront toujours les mêmes. Je n'ai pas changé. »

Elles non plus, elles n'avaient pas changé, ces vaillantes populations d'Hiersac, de Saint-Amant-de-Boixe, de Rouillac et d'Angoulême, qui, trois fois de suite, l'avaient proclamé leur élu. Les témoignages innombrables d'estime et de regrets qu'elles adressèrent, le lendemain de l'élection, au fidèle champion, qu'une incompréhensible surprise venait de leur arracher, en sont la démonstration éloquente. Mais la confiance les avait gagnées, elles aussi, la confiance trompeuse, qui assoupit les meilleures volontés.

« Aller voter pour M. Ganivet ? avaient dit beaucoup d'électeurs et des meilleurs, et des plus fidèles, et des plus empressés. Ah ! certes, nous irions, si c'était nécessaire. Mais à quoi bon nous déranger ? Il est bien sûr de passer. »

En fait d'élection, rien n'est jamais sûr. La journée du 21 août suivant en fut la preuve.

Quand, le scrutin proclamé, on apprit que l'homme, dont on ne comptait plus les services, celui que les sympathies accueillaient spontanément sur son passage et venaient chercher jusque dans sa retraite, que M. Ganivet, l'orateur écouté du Parlement, une des gloires les plus incontestées de la Charente, le bienfaiteur de nos populations viticoles et le défenseur de nos intérêts agricoles et commerciaux, succombait à deux cent soixante voix de minorité, un sentiment de stupeur s'empara de tous.

Personne, même parmi ses adversaires, n'avait osé envisager une éventualité aussi invraisemblable.

« L'immense popularité dont M. Ganivet jouit, à si juste titre, dans tout notre pays, écrivait quelques jours avant le *Suffrage universel,* assure sa réelection, malgré toutes les manœuvres dirigées contre lui par la préfecture et par les comités, qui soutiennent le candidat officiel.

« Bien souvent, des électeurs nous ont dit qu'ils seraient des ingrats s'ils ne votaient pas pour M. Ganivet. C'est qu'en effet, cet honorable député a rendu au pays des services tels, que la reconnaissance publique ne saurait les oublier. Ses adversaires politiques sont forcés de l'avouer eux-mêmes. »

De son côté, le *Charentais* traçait ainsi la silhouette du représentant estimé, que ses meilleurs amis allaient perdre par l'excès même de leur sympathie et de leur confiance :

« Il faut que les électeurs le sachent bien, et nul d'ailleurs ne le conteste, M. Ganivet est l'un des orateurs d'affaires les plus autorisés de la Chambre, un travailleur infatigable, écouté à la tribune, particulièrement apprécié dans les commissions, un de ces députés utiles et consciencieux, comme les assemblées législatives n'en comptent guère, qui sait, sans rien sacrifier au bien général, servir les intérêts du département, qu'il représente avec tant d'intelligence et de dévouement. »

Hélas ! par le temps qui court, il ne suffit pas d'être un homme supérieur, de sacrifier son repos au bien public, de n'avoir pour préoccupations que celles des autres ; il ne suffit pas de consacrer ses efforts, son temps, sa vie, en quelque sorte, aux intérêts d'un département, il faut encore savoir *se faire valoir*. C'est à quoi répugnait la modestie de M. Ganivet.

Il devait, cette fois, le payer de la défaite, ainsi que l'exprime le passage suivant d'un article publié le lendemain du scrutin.

« Les élections ne donnent pas aux républicains la victoire sur laquelle ils comptaient, mais elle nous cause l'amer regret de la perte de celui de nos députés bonapartistes, qui — nous pouvons le dire sans blesser personne — était le mieux rompu aux affaires parlementaires et le plus capable de représenter son pays dans un parlement.

« Député depuis dix ans, M. Alban Ganivet avait conquis, par ses propositions toujours pratiques, par sa compétence incontestée, par son exceptionnelle facilité de parole, l'estime de tous les bons juges ; le groupe de l'appel au peuple l'avait élevé à la présidence, M. Ganivet pouvait croire que sa réelection n'était pas douteuse.

« Aussi, s'était-il borné à adresser aux électeurs de la deuxième circonscription d'Angoulême une courte circulaire et quelques bulletins. Il pensait que les électeurs feraient le reste.

« Malheureusement, à l'époque où nous sommes, les électeurs sont persécutés, traqués, menacés, achetés ; de sorte que toute élection devient une bataille, où le candidat indépendant, qui a contre lui tout l'arsenal officiel, doit payer de sa personne et faire des miracles.

« M. Ganivet n'a pas cru devoir descendre ainsi dans cette arène de gladiateurs ; il n'a pas été réélu. »

Au milieu du désarroi, causé par un évènement aussi inattendu, M. Ganivet fut, à peu près, seul à conserver son sang-froid.

Non seulement il ne manifesta ni dépit, ni colère, mais il s'appliqua, en quelque sorte, à panser la blessure que ses amis avaient reçue.

« Vos suffrages me sont d'autant plus précieux, écrivait-il le 1er septembre à ses électeurs, que je ne les dois qu'à votre attachement et à la spontanéité de vos sentiments.

« Ni la pression administrative longtemps préparée, la plus audacieuse et la moins scrupuleuse qu'on ait jamais vue, ni les mensonges, ni les calomnies, rien n'a pu vous intimider. Merci, messieurs, de votre indépendance ; merci de votre souvenir, dont je puis être fier.

« Quoi qu'il arrive, je n'en reste pas moins le fidèle et dévoué défenseur de vos intérêts et de vos droits. »

Quatre ans s'écoulèrent, durant lesquels le vide, laissé par l'homme éminent dont la Charente porte aujourd'hui le deuil, s'accentua de telle sorte que sa réelection fut un triomphe. C'est par 48,739 suffrages qu'il fut réélu, au mois d'octobre 1885, 2,339 de plus qu'en février 1871.

Et, dans cet intervalle, quels témoignages touchants, quelles marques d'estime et de sympathie ne lui furent pas prodigués. La mauvaise fortune a du moins cette consolation qu'elle autorise des expansions, dont, sans elle, on n'aurait peut-être jamais connu le prix.

Citons, au premier rang des adresses flatteuses que M. Ganivet reçut pour la circonstance, une lettre de M. Rouher, l'ancien ministre de l'Empereur, dont le témoignage était propre à atténuer bien des amertumes, si l'amertume avait trouvé place au cœur de M. Ganivet.

Voici ce document, qui emprunte une autorité particulière au caractère et à la compétence de l'éminent homme d'Etat :

LETTRE DE M. ROUHER.

« Mon cher Ganivet,

« Votre insuccès m'a causé une stupéfaction profonde, je vous croyais à l'abri d'une surprise ou d'une ingratitude.

« J'en suis sérieusement affligé.

« Votre présence à la Chambre était nécessaire ; vous auriez produit la lumière dans de nombreux et difficiles débats ; votre sagesse et votre modération vous auraient inspiré d'utiles conseils et de salutaires avertissements.

« La Charente perd momentanément son chef.

« Recevez l'assurance de mes sentiments affectueux.

« ROUHER. »

Son chef !
Tel était bien le nom que le département donnait

au représentant autorisé de ses intérêts, au défenseur vigilant de ses droits.

En 1879, lorsque la mort de M. Auguste Hennessy laissa vacant au Sénat le siège occupé, depuis, par le vaillant soldat, que la Charente s'honore de compter encore parmi ses représentants, le nom de M. Ganivet courut un instant dans toutes les bouches. A cette occasion, un délégué sénatorial écrivit aux journaux de la localité une lettre, dont nous sommes heureux de rappeler les principaux passages, car elle est comme la confirmation désintéressée de l'opinion brièvement exprimée par M. Rouher.

« Parmi les hommes dont on parle comme les plus dignes de représenter le département à la Chambre haute, l'honorable M. Ganivet vient en première ligne. Sa haute compétence dans les questions administratives, les longs services qu'il a rendus au pays, la confiance qu'il a su inspirer aux électeurs, les divers mandats qu'il a remplis avec une autorité incontestable et un dévouement sans limites, lui créent des titres contre lesquels aucune protestation ne saurait s'élever. Nul mieux que lui ne pourrait défendre au Sénat les intérêts charentais, nul ne pourrait représenter par une expression plus autorisée les éléments conservateurs du département.

« Cependant, cette candidature, qui, en toute autre circonstance, s'imposerait d'elle-même, tant par l'honorabilité de M. Ganivet que par les services rendus, cause à l'heure actuelle une certaine appréhension à un grand nombre de délégués conservateurs et suggère des réflexions, qui méritent une attention particulière. C'est l'avenir même du parti conservateur qui va se trouver engagé par l'élection du 9 novembre prochain.

« Personne n'ignore, en effet, qu'un projet de loi doit être déposé à la Chambre par M. Bardoux, dans le but de modifier la loi électorale et de remplacer le scrutin d'arrondissement par le scrutin de liste. La majorité est déjà acquise à cette proposition, et le gouvernement est loin de lui être hostile. On peut donc prévoir, dès maintenant, des élections législatives, dans le courant de l'année 1880.

« Qui donc, à cette époque, pourrait mieux réunir autour de lui les éléments conservateurs du département que l'honorable M. Ganivet ? Une liste patronnée par lui, ayant son nom en tête, serait assurée d'une immense majorité dans la Charente. S'il est sénateur, s'il est, pour ainsi dire, désintéressé dans la question électorale, quel autre homme politique de la région aura l'autorité suffisante pour assurer l'unité des forces conservatrices ? La légitime influence dont jouit M. Ganivet

ne serait assurément pas assez puissante pour
suppléer à son nom mis en tête d'une liste, et nous
assisterions au déplorable spectacle de la ruine de
l'union conservatrice, seule défense qu'il soit possible d'opposer au courant révolutionnaire. »

Est-il témoignage plus touchant et plus flatteur
à la fois ? Et il ne s'agit pas, qu'on le remarque,
d'une recommandation électorale écrite pour les
besoins d'une cause, même excellente. C'est, au
contraire, un électeur, qui ne veut pas de M. Ganivet
comme candidat sénatorial, et qui expose les raisons
très patriotiques, très éclairées, très sages, pour
lesquelles il le récuse.

Mais ce n'est pas à ces seuls documents qu'il est
permis de mesurer la popularité de l'honorable
député d'Angoulême. Il faut avoir lu les monceaux
d'adresses, toutes plus émouvantes dans leur
simplicité, que les communes de sa circonscription
lui adressèrent, pour adoucir les rigueurs de sa
défaite et témoigner de leur ardeur à le venger.

Nous aurions voulu pouvoir reproduire tous ces
documents, sans en omettre un seul, car c'est le
souffle des campagnes, qui passe dans ces pages,
d'une tendresse naïve. Mais la place nous ferait
défaut pour satisfaire une telle ambition.

Nous nous bornerons à rappeler les termes de
quatre adresses, une par canton, les faisant suivre

de la liste, malheureusement incomplète, de celles que nous avons retrouvées et eussions tant aimé à fixer au milieu des ces souvenirs.

ADRESSES A M. GANIVET

Voici d'abord, pour le 2ᵉ canton d'Angoulême, celle de Balzac :

« Balzac, 12 septembre 1881.

« A Monsieur Ganivet,

« Tous nos regrets et aussi nos espérances ; qu'il compte sur notre reconnaissance et sur notre dévouement. Nous ne changerons pas.

« Ses amis, etc. »

Suivent 127 signatures, alors que, au scrutin du 21 août, M. Ganivet n'avait recueilli que 125 voix dans la commune.

Voici, ensuite, celle de Saint-Genis-d'Hiersac :

« Saint-Genis-d'Hiersac, 1ᵉʳ octobre 1881.

« A Monsieur Ganivet,

« Les élections du 21 août dans la deuxième circonscription d'Angoulême ont trompé nos espérances. Nous comptions trop sur la loyauté des électeurs pour avoir un doute ; car, après tous les services que vous avez rendus au pays, étant toujours sur le rempart pour défendre nos droits, nous devions avoir le droit de croire à l'infaillibilité du corps électoral.

« Mais les circonstances nous ont prouvé le contraire. Nos adversaires ont profité de notre silence pour faire une propagande effrénée. Les promesses, les menaces sont les armes dont ils se sont servis pour triompher.

« Puis, malgré la défense qui paraissait en être faite, l'administration n'a négligé aucun moyen pour opprimer les électeurs.

« Tout cela nous prouve une fois de plus la sincérité de ce vieux proverbe : que pour faire des ingrats il faut multiplier les bienfaits.

« Puisque les événements vous éloignent momentanément du Parlement, où vous saviez si bien défendre nos droits et nos convictions, permettez à ceux qui ne sont ni ingrats ni calomniateurs de vous adresser leur reconnaissance et leurs remerciements, ainsi que leurs regrets et leurs espérances.

« En attendant qu'un nouveau moment nous permette de compter sur votre honorable candidature, recevez l'expression dévouée des sentiments de ceux qui se croient vos plus fidèles amis et qui ne savent jamais faillir. »

Puis c'est Rouillac :

« Rouillac, 17 octobre 1881.

« A Monsieur Ganivet,

« Les calomnies et la candidature officielle, qui s'est étalée avec tant d'impudence dans notre département, ont fait triompher votre adversaire. Croyez, monsieur, à nos profonds regrets.

« Votre passé n'était-il pas pour nous une garantie pour l'avenir ?

« Lorsque nos intérêts étaient en jeu, ne les avez-vous pas toujours soutenus avec toute l'énergie d'un homme qui a conscience de son mandat ?

« Les électeurs de la 2e circonscription auraient-ils oublié les services rendus ? Non, monsieur. Le scrutin du 21 août a été une surprise, et la victoire de vos adversaires ne sera pour eux qu'un triomphe passager. Arrivent les prochaines élections ! Les électeurs, dupes des promesses mensongères qu'on leur a faites, mais revenus de leur erreur, vous enverront, pour la quatrième fois, défendre leurs intérêts à la Chambre des députés.

« Recevez, etc. »

Enfin c'est Saint-Amant-de-Boixe :

« Saint-Amant-de-Boixe, 16 octobre 1881.

« A Monsieur Ganivet,

« Les électeurs soussignés ont été indignés de

voir la candidature officielle pratiquée audacieusement par une administration, qui avait osé dire que les élections seraient libres.

« Vous avez échoué, le 21 août, sous une pression, qui a pu intimider quelques-uns de ceux qui vous devaient leurs voix, en reconnaissance des services que vous avez rendus. Mais ils vous reviendront, et tous ils vous vengeront d'un échec aussi immérité.

« Agréez, etc. »

Joignons à ces citations le nom des communes de Saint-Yrieix, d'Asnières, de Vindelle, de Moulidars, de Saint-Saturnin, de Champmillon, de Saint-Amant-de-Nouère, de Sireuil, de Linars, de Douzat, de Mareuil, de Mons, de Vars, de Montignac, de Nitrat-Saint-Amant, de la Chapelle, de Chebrac, de Xambes, de Vervant, de Marsac, de Maine-de-Boixe, de Nanclars, de Villejoubert, de Vouharte, de Tourriers, qui, toutes, rivalisent dans l'expression de leurs regrets, de leur dévouement et de leur foi en l'avenir (1).

On comprend, à cette simple énumération, que nous ayons dû renoncer à rapporter le texte de tous ces témoignages, si également affectueux et sincères qu'entre eux le choix était impossible.

(1) Ajoutons à cette liste la petite commune d'Anais, qui fut la première à manifester ses sentiments à M. Ganivet.

C'est que, pour nos campagnes, M. Ganivet personnifiait, non seulement le défenseur éloquent de leurs droits, mais aussi l'un des représentants les plus autorisés de la politique impériale, à laquelle elles étaient, pour la plupart, demeurées fidèles jusque dans les temps d'infortune.

En 1874, l'année qui suivit la mort de l'Empereur, M. Ganivet accomplit avec M. André, son éminent collègue à l'Assemblée nationale, le voyage de Chislehurst. Il voulait joindre, lui aussi, la palme modeste de son dévouement à la couronne que tant de français allèrent, cette année-là, déposer aux pieds de l'infortunée souveraine et du jeune prince, que la mort venait d'éprouver une seconde fois, après la fortune.

Il fut reçu par l'Impératrice et par le Prince Impérial avec toute la grâce, toute l'émotion, tout l'empressement que les augustes exilés ne manquaient jamais de témoigner à ceux qui venaient de France.

Par un merveilleux à-propos, la souveraine et l'enfant se rencontrèrent dans le souvenir de diverses circonstances parlementaires, auxquelles les noms de leurs visiteurs avaient été mêlés. M. Ganivet fut frappé de la précocité du jeune prince, de la maturité anticipée de son jugement ; il fut touché de l'amour ardent qu'il professait pour sa patrie. Un souffle d'espérance fit tressaillir son âme, qu'il conserva jusqu'au lugubre épilogue de l'aventure anglaise, au Zoulouland.

L'Impératrice ne conquit pas moins le cœur de ses hôtes. Elle eut un mot charmant de spontanéité, un élan irréfléchi de tendresse pour la France, qui mit des larmes dans tous les yeux.

M. Ganivet contait une aventure, qui venait de faire certain bruit en Charente. Deux habiles chevaliers d'industrie avaient parcouru nos campagnes, exploitant le nom de la famille impériale pour escroquer de fortes sommes d'argent à la religion de nos paysans. Il avait suffi de leur parler de l'Empereur, de l'Impératrice, du Prince, pour qu'aussitôt leurs économies sortissent de l'escarcelle.

L'auguste souveraine écoutait cette histoire, accoudée à un guéridon, faisant de vains efforts pour refouler les larmes, qui brûlaient ses paupières. Tout-à-coup, s'abandonnant, la figure dans les deux mains :

— Dieu ! s'écria-t-elle, que c'est bon d'être aimé ainsi !

Hélas ! ils furent bien rares pour la pauvre veuve, ces instants de félicité rétrospective. Si bas qu'elle y fut descendue, elle n'avait pas encore touché le fond de l'abîme douloureux, où devaient sombrer les restes de son bonheur.

En 1875, M. Ganivet fut, à la Chambre, l'un des

fondateurs du groupe de l'Appel au peuple. En février 1880, il eut l'insigne honneur d'en être élu vice-président.

Aussi, de quel respect ne l'entouraient pas nos populations rurales, quand il allait, au milieu d'elles, porter, dans quelque réunion publique, la parole éloquente, qui lui valut de si nombreux triomphes.

« Le banquet et la réunion de Vars, écrivait-on le 12 novembre 1880, peuvent être considérés assurément comme la plus imposante des manifestations que nos amis aient organisées dans la Charente. »

Plus de six cents couverts avaient été dressés, ce jour-là, sous une tente. Au centre, M. Ganivet présidait la table d'honneur, assisté de MM. Cuneo d'Ornano, Gauthier, Darnal, Monteilh et de toutes les notabilités bonapartistes de la circonscription. A quatre heures, la foule grossissant toujours, on dut enlever les tables et livrer la vaste cour à une assistance évaluée à plus de six mille personnes.

C'est devant cet auditoire imposant, que M. Ganivet prit la parole et prononça le remarquable discours, que nous avons tenu à reproduire dans le recueil qui fait suite à cette notice (1).

(1) Voir au n° 7 de l'APPENDICE.

« L'éloge de M Ganivet n'est plus à faire, disait le lendemain un témoin de l'enthousiasme soulevé par ses paroles, mais on peut affirmer que son discours de Vars comptera au nombre de ses plus beaux succès oratoires. »

Citons encore, parmi les conférences politiques qui lui valurent l'ovation des électeurs de Mansle, Fouqueure, Vindelle, L'Houmeau-Pontouvre, Champniers, Jauldes, etc., etc., la réunion de Saint-Amant-de-Boixe, le 18 novembre 1883, et celle qui fut organisée, l'année suivante, dans les vastes chais de M. Marquais, à Vars, par les deux à trois mille membres de la ligue révisionniste créée sous le patronage de M. le docteur Bouyer.

Mais il nous faut borner ces souvenirs. Avant d'aborder l'étude du rôle prépondérant que M. Ganivet joua au sein du Conseil général, où nous l'avons vu élire en 1877, il nous faut encore envisager son œuvre sous deux faces non moins fécondes, son talent d'écrivain et la remarquable faculté, dont il fut doué, de faire revivre au seuil de la tombe, le passé lumineux des amis qu'il avait perdus.

Ce n'est pas un côté banal du talent de l'orateur que celui qui consiste à bien prononcer ces adieux, où l'image de la mort jette comme un reflet de soudaine poésie sur les actes les plus ordinaires de notre existence. M. Ganivet fut, de l'avis de tous, un maître dans cet art, qui confine, en quelque sorte, à la science, tant il comporte de réserve. Il faut avoir lu ces oraisons, il faudrait presque les avoir écrites, pour apprécier toute la difficulté de l'œuvre et tout le mérite d'en triompher. Aussi, recourut-on souvent à la bonne volonté de M. Ganivet, sûr qu'on était de son accueil.

Sans prétendre les rappeler tous, citons, parmi les éloges funèbres dont le souvenir est resté le plus vif, le remarquable portrait qu'il traça, en octobre 1880, de M. André, le sénateur, l'homme bienveillant et distingué que la Charente avait, pendant trente ans, compté au nombre de ses représentants.

Quelle simplicité dans l'exorde, quelle clarté dans l'exposition, quel charme dans l'adieu.

« Cher et regretté sénateur, vos restes mortels vont reposer sous la terre qui vous a vu naître, au sein du département que vous avez tant aimé et servi. Nous ne vous oublierons pas. Votre mémoire reste parmi nous pour nous tracer les utiles exemples de votre longue carrière de travail, d'honneur et de fidélité.

« Puissions-nous tous, quand nous devrons, à notre tour, comparaître devant le Juge suprême, posséder, comme vous, le mérite de n'avoir pas failli au devoir !

« Au nom de vos amis, adieu et souvenir ! »

Pourquoi faut-il que ce soit le même nom, nom vénéré de la Charente, qui revienne trois ans plus tard sous notre plume ? Pourquoi le sort impitoyable frappa-t-il à coups si rapprochés et si cruels dans les mêmes rangs ? C'est pourtant d'un André encore, que le 5 décembre 1883, M. Ganivet prononça l'oraison. Cette fois, il ne s'agissait plus seulement d'un vieillard, arraché par un trépas, toujours prématuré, à l'estime de ses concitoyens et à l'affection de sa famille ; c'est en pleine jeunesse, en pleine fleur que la mort faucha. M. Jules André, l'héritier, le continuateur des traditions paternelles, avait un peu plus de trente ans, quand il mourut.

Combien est touchante l'allocution qui fut prononcée sur sa tombe. Comme elle jette une note attendrie dans l'œuvre, un peu sévère, que nous retraçons. Nous n'avons pu résister au désir de la citer tout entière, certain qu'on nous saurait un double gré de l'avoir conservée au souvenir des uns, restituée à la sympathie de tous (1).

Citons encore, en janvier 1882, l'éloge funèbre de M. Monteilh, conseiller général du canton de La Rochefoucauld, et, en 1884, l'heureuse improvisation, dans laquelle M. Ganivet rendit un suprême hommage à la carrière, si féconde et si humani-

---

(1) Voir le n° 8 de l'APPENDICE.

taire, de M. Edmond Laroche-Joubert, député, fondateur de la Papeterie coopérative et père du sympathique représentant de la première circonscription d'Angoulême.

A côté de l'orateur, nous avons placé l'écrivain. Nul ne sera surpris, en effet, d'apprendre que M. Ganivet maniait la plume avec la même netteté que la parole. Ses rapports sont des modèles d'enchaînement, de logique et de lumière. Disons, toutefois, qu'il ne s'adonna guère qu'à l'étude technique des questions qu'il traitait presque journellement dans nos assemblées.

Signalons, à titre de documents, le rapport, déjà cité, qu'il fit, le 15 janvier 1864, à la Société d'agriculture de la Charente, sur le vinage des vins (1); une série d'articles sur le même sujet publiés dans le *Suffrage universel* des 30 juin, 2, 5 et 7 juillet 1882 ; une étude sur l'impôt des vins et alcools, parue la même année (2) ; une fort intéressante plaquette sur l'entretien de la vicinalité dans le département de la Charente (3) ; un travail très complet, en 1884, sur les taxes nouvelles dont la commission des finances projetait de frapper les valeurs mobilières et immobilières, les créances

(1) *Charentais* du 20 janvier suivant.
(2) *Suffrage* du 12 février 1882.
(3) Imprimerie Chasseignac, février 1883.

hypothécaires et chirographaires, le traitement des fonctionnaires et l'impôt des patentes (1) ; une autre série d'articles publiés, l'année suivante, sur le même objet ; sans parler des innombrables rapports de commission, dont la nomenclature seule tiendrait une feuille de ce volume.

Il nous faut maintenant, pour achever cette partie de notre étude, que nous avons dû chronologiquement faire remonter à quelques années en arrière, reprendre M. Ganivet au 4 novembre 1877, date de son élection en qualité de conseiller général du canton d'Hiersac.

Dès la première séance (2), M. Ganivet donna la preuve de l'esprit d'initiative qu'il allait apporter dans l'examen de toutes les affaires susceptibles d'intéresser le département. Il déposa en effet une série de vœux, dont, en sa qualité de membre de la commission, il fut chargé de faire le rapport, vœux parmi lesquels nous relevons les suivants, propres à déterminer le terrain sur lequel sa parfaite connaissance des questions administratives devait nécessairement le placer.

1° Vœu tendant à ce que les propriétaires qui font distiller, dans des alambics placés en dehors de leur domicile, des vins, marcs, cidres, poirés et

(1) *Charentais* des 25, 26, 27 et 28 février 1884.
(2) 21 décembre 1877.

fruits provenant exclusivement de leurs récoltes, ne soient tenus qu'à prendre les acquits-à-caution ou passavants exigés par la loi pour la sortie des liquides et pour la rentrée des eaux-de-vie fabriquées, et qu'ils soient exonérés des visites et exercices de la régie.

2° Vœu tendant à ce que les droits de circulation et d'entrée, qui pèsent sur les vins, soient réduits au tarif, qui existait avant 1871 ; à ce que la distinction, établie entre les vins et les eaux-de vie expédiés en bouteilles et ceux expédiés en cercles, soit supprimée ; à ce que l'administration des contributions indirectes soit moins rigoureuse dans la fixation des amendes par voie de transaction.

3° Vœu tendant à ce que la question du rachat de la compagnie des Charentes, soit par la compagnie d'Orléans, soit par l'Etat, soit résolue le plus promptement possible, suivant les bases du traité arrêté entre le ministère des travaux publics et la compagnie, de façon à rassurer les graves intérêts qui sont en souffrance, et à assurer l'exécution des lignes de chemin de fer concédées par l'Etat et par le département.

Nous arrêtons là cette nomenclature. Elle suffit à démontrer avec quelle sureté de coup d'œil **M.** Ganivet embrassait, dès son entrée au Conseil, les points vitaux des intérêts confiés à sa garde.

Chacune des motions, que nous venons d'énumérer, a d'ailleurs trouvé sa place, sous la forme d'un amendement ou d'une proposition de loi, dans le compte-rendu plus détaillé, auquel nous nous sommes livré, de ses travaux parlementaires.

Son action ne se contentait pas, en effet, des pouvoirs un peu platoniques conférés aux conseils généraux. Il soulevait la question au sein de l'assemblée départementale, conviait ses collègues à l'étudier avec lui, et, fort de leur assentiment, la soutenait au Parlement, souvent pour la faire triompher, toujours pour l'appuyer de la double autorité de son expérience et de son talent.

Quel que soit notre désir de rappeler la part, presque incommensurable, que, durant douze années, M. Ganivet prit aux discussions du Conseil général, il nous serait impossible de le suivre pas à pas dans le dédale des vœux, des objections et des rapports, qui constituent son œuvre départementale. Le lecteur, dont nous craignons déjà d'avoir fatigué l'attention par l'étude, forcément aride, des annales parlementaires, n'apprendrait rien qu'il ne sache à ce nouvel et plus complexe exposé.

C'est, au jour le jour, qu'il faut suivre ces débats et apprécier cette tâche. C'est par l'écho, cent fois répété, d'un nom, qui revient à toutes les pages du compte-rendu analytique, qu'on apprend à connaitre la conscience, l'érudition et le talent d'un homme, dont la place s'élargit, d'année en année, au point de laisser, après elle, plus qu'un souvenir, un vide impossible à combler.

Il n'est personne, parmi ceux auxquels ce livre s'adresse, nous pourrions dire il n'est personne en Charente, qui, à cet égard, ne soit aussi bien fixé que nous le sommes nous-même.

Nous nous bornerons donc à rappeler brièvement les questions d'ordre général auxquelles M. Ganivet fut le plus directement mêlé. Elles sont nombreuses, car il ne laissait rien passer, qui ne fût absolument conforme au sentiment qu'il éprouvait. Mais l'énumération n'en sera pas inutile, car elle montrera, une fois de plus, la fécondité d'un esprit, dont toutes les ressources étaient concentrées dans l'intérêt de la chose publique.

Citons donc, pour terminer la session de décembre 1877, un fort intéressant rapport, qui conclut au rejet d'un vœu tendant à la modification de la loi sur l'électorat commercial.

En avril 1878, notons, parmi les vœux présentés par M. Ganivet, celui relatif à l'incorporation du chemin de fer de Châteauneuf à Barbezieux dans le réseau racheté par l'Etat ; parmi les propositions qu'il combattit le plus vivement, celle portant création d'une inspection générale destinée à contrôler le service de la vicinalité ; enfin, parmi les projets soumis par la Chambre à l'enquête des conseils généraux, d'intéressantes observations sur le projet de loi destiné à remplacer la législation de 1865, en matière de construction des voies ferrées.

A la session d'août de la même année, relevons : un vœu, souvent renouvelé depuis, tendant à la réglementation par la Chambre des bureaux de préfecture et sous-préfecture ; un vœu relatif au chemin de fer de Matha à Villefagnan par Aigre et Rouillac ; un vœu tendant à rendre au recteur d'académie la faculté de nommer les institutrices et instituteurs communaux ; et diverses interventions, notamment dans la discussion relative à la création d'un emploi d'inspecteur départemental du travail des enfants dans les manufactures, et dans l'examen du tracé à adopter pour le chemin de fer d'Exideuil à Confolens.

En avril 1879, signalons une verte observation, sous forme de vœu, adressée à l'autorité préfectorale, à raison du retard apporté dans le paiement des salaires mensuels d'un grand nombre de cantonniers du service de la vicinalité, et, toujours sous la même forme, une critique des plus fondées sur la façon dont l'administration, par une innovation regrettable, procède à la désignation des répartiteurs de l'impôt, qu'on s'était accoutumé, bien que ce ne fût pas écrit dans la loi, à voir choisir sur une liste de présentation dressée par les maires.

La session d'août, toujours plus chargée que celle d'avril, présente, cette année-là, un intérêt particulier. Plusieurs discussions importantes méritent d'y être signalées. Pour observer l'ordre que nous avons adopté, enregistrons d'abord les vœux, soit : un vœu tendant à détourner l'Etat du rachat de la compagnie d'Orléans ; un vœu demandant que les prestataires ne soient appelés à fournir leurs journées que dans leurs communes ou sur des ateliers de travail dans la commune limitrophe ; un vœu sollicitant du Sénat le rejet du trop fameux article 7 de la loi sur l'enseignement, etc., etc. (1).

Chacune de ces motions est l'objet d'une discussion approfondie, au cours de laquelle M. Ganivet expose, avec sa compétence ordinaire, l'esprit de sa doctrine et la jurisprudence qui lui sert d'appui. Nous regrettons que l'espace nous fasse défaut pour analyser ces discours, dignes en tous points de ceux que nous lui avons vu prononcer au Parlement. Citons, pour simple mémoire, celui qu'il

(1) Il va sans dire que nous ne citons ici que les vœux déposés par M. Ganivet et soumis par lui à la signature d'un certain nombre de ses collègues. Nous ne citons même que les plus importants.

Quant à ceux où son nom figure parmi d'autres, sans que l'initiative lui en revienne directement, nous n'avons pas eu à les relever.

prononça, à la séance du 23 août, pour appuyer les conclusions de son vœu sur la liberté d'enseignement ; celui par lequel il adjura le Conseil de de se prononcer contre le rachat des grandes compagnies de chemin de fer par l'Etat ; le remarquable rapport qu'il fit sur la question du rétablissement des tours, et la façon non moins magistrale dont il traita diverses questions relatives à l'emprunt de 2,600,000 francs, en faveur de la vicinalité, et la reconstitution du vignoble par l'introduction des cépages américains.

Citons aussi les observations très justes adressées à l'administration, au sujet de l'absence de toutes pièces comptables à l'appui des comptes présentés à l'approbation du Conseil général. M. Ganivet exerçait sur les actes administratifs un contrôle, que sa profonde connaissance de la matière rendait extrêmement précieux. Il n'est pas un de ses collègues, à quelque opinion qu'il appartienne, qui n'ait, en maintes circonstances, rendu justice à ses qualités et au zèle de sa collaboration.

A la session d'avril 1880, nous voyons reparaître, sous forme de vœux, la plupart des *desiderata* déjà soumis à l'acceptation du Conseil. C'est ainsi que reviennent le vœu s'élevant contre le rachat par l'Etat des chemins de fer compris dans les concessions de l'Orléans, et le vœu relatif au choix, par l'administration, des répartiteurs de l'impôt.

Joignons-y un vœu tendant à la suppression des
permis de chasse; différents vœux tendant à l'ac-
célération des travaux du chemin de fer d'Angoulême à Marmande et du Quéroy à Nontron ; un
vœu tendant à la réduction du droit de circulation
sur les vins et à la suppression de l'impôt sur les
vinaigres ; un vœu tendant à ce que les droits de
douane sur les vins étrangers soient fixés suivant
le degré alcoolique, etc., etc.

Parmi les discussions particulièrement dignes
d'appeler l'attention, notons celle relative aux conditions offertes par le Crédit Foncier en vue de la
conversion et de la réalisation des emprunts départementaux. Notons aussi les remarquables rapports
déposés sur la question du canal de jonction de la
Garonne à la Loire et sur la situation des divers
chemins de fer intéressant le département.

Le mois d'août suivant fut signalé par une discussion d'ordre général sur le principe du libre-
échange, qui fut, pour M. Ganivet, l'objet d'un
remarquable discours. Repoussant les conclusions
d'un vœu déposé par M. de la Bastide, l'orateur fit
l'apologie des traités de 1860, établit le lien qui
unit étroitement les intérêts de l'agriculture à ceux
de l'industrie, et conclut en déposant un amendement favorable au renouvellement des traités de
commerce. Cet amendement mis aux voix fut
adopté à une forte majorité.

Notons également un vœu tendant à la suppression de l'impôt sur les papiers ; un vœu tendant à ce que les travaux de prestation ne soient pas fixés de façon à coïncider avec les récoltes ; un projet de résolution sur l'emploi des fonds provenant de l'emprunt de 600,000 francs, destiné à l'amélioration des chemins de grande communication, et de judicieuses réflexions sur le tracé du chemin de fer de Barbezieux à Saint-Mariens, par Montmoreau plutôt que par Chalais.

M. Ganivet, à cette session, fut nommé rapporteur du budget, fonction qu'il exerça plusieurs fois par la suite.

Avril 1881 nous offre un intéressant rapport, déposé au nom de la commission chargée d'étudier le projet de loi relatif à l'électorat commercial, et de justes observations sur une demande de crédit destiné à la construction du pont de Puygelier. Cette dernière discussion témoigne de la sollicitude de M. Ganivet pour l'emploi des fonds départementaux.

Avec la session d'août, nous retrouvons un certain nombre de vœux. La plupart ont été déjà mentionnés en ces pages ; insérons toutefois celui tendant à la réduction du tarif des prestations, dans les arrondissements d'Angoulême, Barbezieux, Cognac et Ruffec, sur le taux adopté pour l'arrondissement de Confolens.

Signalons encore une observation sur la propension du Conseil à classer un trop grand nombre de chemins d'intérêt commun, propension qui menaçait de rendre absolument insuffisantes les ressources créées à cet usage ; un amendement au rapport déposé sur les voies et moyens les plus propres à faire cesser la mendicité et le vagabondage ; un fort beau discours pour combattre un vœu tendant à la suppression des octrois, et une critique à l'adresse d'un acte préfectoral, créant un véritable cumul au profit d'un fonctionnaire de la vicinalité.

L'année 1882 est spécialement chargée. On nous pardonnera d'en abréger le sommaire, l'énumération à laquelle nous nous livrons n'ayant d'autre intérêt que de démontrer la place considérable occupée par M. Ganivet au sein de notre assemblée départementale.

Signalons, cependant, à la session d'avril, une nouvelle marque de sollicitude à l'adresse du chemin de fer de Rouillac, dont il ne devait pas lui être donné de voir la mise en exploitation (1) ; rappelons encore un vœu tendant à augmenter les prérogatives des maires, en matière vicinale ; un vœu sollicitant une meilleure répartition des indem-

____

(1) Ce vœu, comme la plupart de ceux que présentait M. Ganivet, porte aussi la signature de M. Darnal.

nités accordées aux vignes phylloxérées ; un vœu réclamant, pour l'autorité municipale, le droit de nommer les gardes champêtres, et bien d'autres, que nous renonçons à citer.

Signalons aussi plusieurs discours importants sur le déclassement des routes départementales, sur l'abaissement des tarifs de prestations, et une discussion des plus approfondies au sujet de la création d'écoles normales primaires.

A la session d'août, parmi les vœux présentés en grand nombre, détachons celui sollicitant des pouvoirs publics le dégrèvement des terrains phyll-oxérés ; un autre tendant à la propagation de la vaccine du charbon (méthode Pasteur) ; un autre encore réclamant une plus large attribution des sursis d'appel accordés aux réservistes ; enfin, une demande d'arrêté autorisant la chasse des oiseaux d'eau, à dater du premier avril de chaque année, et un vœu réclamant l'organisation, par une loi, du service des enfants assistés.

Il nous reste à peine la place de noter d'importants discours sur la création d'une école d'agriculture et de comices agricoles en Charente, sur le déclassement des routes départementales, et le rapport sur les chemins de fer.

Enfin, à la session d'avril 1883, la dernière du mandat de six années confié par les électeurs du canton d'Hiersac au député de la deuxième circonscription d'Angoulême, nous indiquerons un vœu relatif aux livres et fournitures de classe des écoles publiques; un vœu réclamant la modification du règlement, qui détermine les droits des riverains en matière de vicinalité; une observation critique à l'adresse d'un projet de l'agent-voyer en chef, proposant de fusionner le personnel des routes départementales et de l'exploitation vicinale ; une question au préfet sur la création d'une école de hameau à Saint-Genis-d'Hiersac, et divers rapports, parmi lesquels il nous faut souligner, de façon particulière, celui relatif à l'offre de la compagnie des chemins de fer départementaux, en ce qui touche la concession des deux lignes d'Angoulême à Matha et de Montmoreau à Gensac-la-Pallue.

Ce rapport, qui conclut à l'accord de la concession, est un véritable monument, que nous avions songé, tant il touche à des questions d'intérêt actuel, à faire figurer *in-extenso* dans l'Appendice dont cette notice est suivie; ses proportions nous ont seules contraint de renoncer à ce dessein.

Il nous sera permis toutefois de dire qu'il constitue plus qu'un compte-rendu de conseil général. C'est la question des chemins de fer d'intérêt local tout entière qui est traitée *ex-professo* dans cette œuvre remarquable, dont, à la demande de plusieurs membres, le texte fut inséré, dans sa teneur intégrale, au compte-rendu analytique des séances.

Le scrutin, pour le renouvellement par moitié de notre assemblée départementale, fut fixé au 12 août. M. Ganivet était du nombre des conseillers sortants, et l'administration, encouragée par le souvenir de la dernière élection législative, désireuse aussi, du moins son attitude permit de le croire, de se défaire d'un adversaire, que sa perspicacité rendait souvent gênant, n'épargna aucun moyen de pression pour faire échouer sa candidature.

Depuis le sarcasme jusqu'à l'outrage, tout fut mis en œuvre pour ébranler l'autorité si légitime dont il jouissait dans le canton d'Hiersac. Promesses et menaces furent prodiguées pour entamer la foi des électeurs, dont nous avons vu les sentiments si éloquemment exprimés dans les adresses de 1881.

Rien n'y fit. M. Ganivet fut réélu, avec six cents voix de majorité, sur 2,600 votants environ.

La campagne n'en fut pas moins chaude, comme l'atteste la circulaire que, le 1er août, il adressait à ses électeurs.

« Je sais, y disait-il, que des adversaires acharnés se livrent depuis longtemps à des manœuvres aussi actives qu'odieuses contre moi. Plus le jour du scrutin approche, plus ils y mettent de passion et d'ardeur. Je vous laisse, messieurs, le soin d'apprécier, comme ils le méritent, de semblables procédés. »

Nous ne suivrons pas, dans leurs détails, les circonstances de la lutte, qui devait aboutir au nouveau triomphe de la politique fermement conservatrice que M. Ganivet avait toujours soutenue.

A douze ans d'intervalle, il empruntait, pour sa profession de foi, les termes mêmes dont il s'était servi dans son premier appel aux électeurs.

« Essentiellement conservateur, disait-il, et adversaire des guerres lointaines, où l'on engage le pays, je veux *le maintien de l'ordre et de la paix, le respect de la légalité et l'appel au peuple,* lors de la révision légale des lois constitutionnelles. »

C'est cette foi, cette constance, cette fermeté d'opinion, qui achevèrent de lui assurer les suffrages que ses éminents services avaient déjà conquis.

Vainement, son adversaire de 1877, M. Mathieu-Bodet, fit-il cause commune avec la préfecture, en soutenant, des restes de son influence, le candidat que patronnait celle-ci. Vainement, ce candidat, le commandant Chaffaud, un militaire en activité de service, multiplia-t-il les démarches, frappant de porte en porte et assurant chacun de son appui ; vainement essaya-t-on, en dernière heure, d'une manœuvre puérile pour persuader aux électeurs que ce soldat trouverait, auprès des autorités militaires, un crédit auquel M. Ganivet ne pouvait prétendre.

Ce fut celui-ci qui l'emporta.

La ruse de ses adversaires, elle-même, fut pour sa modestie l'occasion d'une nouvelle épreuve. Nos honorables sénateurs, M. le maréchal Canrobert et M. le général de Brémond d'Ars, ne voulurent pas laisser passer, sans protester, l'insinuation maladroite tendant à établir, au point de vue des exonérations et des congés militaires, un parallèle entre les services à attendre de M. Ganivet et de son concurrent.

Ils écrivirent, l'un et l'autre, des lettres, que nous avons sous les yeux et sommes heureux de reproduire, comme un précieux témoignage d'estime.

LETTRE DU MARÉCHAL CANROBERT

« Paris, 31 juillet 1883.

« Mon cher conseiller général,

« Au moment des élections pour les conseils généraux, permettez-moi de vous adresser mes vœux les plus ardents pour le succès de votre candidature.

« Ayant l'insigne honneur de représenter au Sénat vos patriotiques concitoyens, j'ai appris à connaître le dévouement absolu et la haute compétence avec lesquels vous avez défendu, tant à la Chambre des députés qu'au Conseil général, les intérêts de notre département, qui vous maintiendra votre mandat, tant par intérêt que par esprit d'équité envers un des plus éminents et des plus utiles de ses enfants.

« Ma gratitude envers les habitants de la Charente, mes meilleurs souhaits pour le bien dont ils sont dignes, ne me permettent pas de mettre un instant en doute votre réélection au Conseil général, dont vous êtes une des plus bienfaisantes lumières.

« Je suis heureux de saisir cette occasion, mon cher conseiller, de vous exprimer mes sentiments de haute et affectueuse considération.

« Maréchal CANROBERT,
« Sénateur de la Charente. »

LETTRE DU GÉNÉRAL DE BRÉMOND D'ARS

« Saint-Brice, 2 août 1883.

« Mon cher conseiller et ami,

« En arrivant dans la Charente, j'ai eu le regret d'apprendre qu'on vous oppose un candidat officiel ; mais, malgré tout ce qui sera dit de mensonger et d'injurieux contre vous, je ne doute pas que vous ne sortiez victorieux de la lutte.

« Le concurrent qu'on vous oppose est un officier d'un grade peu élevé. Il peut être un bon militaire ; mais je ne sache pas qu'on s'occupe tant soit peu, dans un bataillon, de droit et d'administration départementale. Aussi, quel concours pourrait-il apporter aux délibérations d'un Conseil général, dont vous êtes depuis longtemps une des lumières ?

« Les électeurs sont trop avisés pour ne pas savoir que vous êtes le défenseur le plus ferme et le plus capable de leurs intérêts. Ils sont trop sensés pour croire à des promesses passagères. Le candidat, qui n'est lui-même qu'un subordonné militaire, ne peut être le dispensateur de faveurs aux soldats.

« Je ne doute pas, mon cher ami, de votre succès. Mais moi, qui n'ai accepté l'honneur de m'occuper de la politique de mon pays qu'après l'avoir servi pendant quarante-cinq ans dans l'armée, je suis attristé de voir aujourd'hui des officiers en activité se lancer dans la politique. Ils devraient rester à leurs postes, où il y a de réels services à rendre et laisser la direction des affaires du pays aux hommes qui, comme vous, en ont fait l'objet constant de leurs études et ont donné tant de preuves de leur dévouement, de leur aptitude et de leur expérience.

« A vous de cœur.

« Général DE BRÉMOND D'ARS,

« Sénateur de la Charente. »

Les électeurs du canton d'Hiersac furent de l'avis du général de Brémond d'Ars, et, quelques jours plus tard, quand s'ouvrit la session ordinaire du Conseil général, M. Ganivet vint reprendre, au milieu de ses collègues, le siège qu'il y occupait si dignement.

Parmi les vœux qu'il soumit à l'approbation de l'assemblée départementale, nous nous bornerons à rappeler celui réclamant, de la part des agents voyers, un respect plus scrupuleux des tracés adoptés par le conseil pour l'etablissement des chemins vicinaux. Nous croyons inutile, en effet, de revenir sur les simples renouvellements de vœux déjà exprimés.

En revanche, il nous faut mentionner divers rapports déposés au nom de la commission des finances, notamment celui du budget, et plusieurs observations intéressantes sur des vœux ou des conclusions émanant de l'initiative des membres.

Au nombre de ces dernières, relatons un discours, qui combat la réfection du cadastre. L'opération, commencée en 1821, a duré vingt ans et coûté 200 millions ; c'est 300 qu'elle coûterait aujourd'hui. Relatons aussi un nouvel et courageux effort, en faveur de l'abaissement des taux de prestations dans les arrondissements les plus éprouvés par le phylloxéra ; une recommandation d'économie dans l'allocation des crédits votés pour secours aux maisons d'école ; enfin, une discussion très serrée des conditions proposées par la compagnie des chemins de fer départementaux pour la construction des lignes dont le Conseil avait décidé de lui accorder la concession.

La session d'avril 1884 fut marquée par plusieurs grosses délibérations, au cours desquelles M. Ganivet fut constamment sur la brèche. Il nous faut ici sortir, dans une certaine mesure, du cadre étroit de l'énumération pour rappeler les questions mises en cause et la solution qu'elles reçurent.

Ce fut, d'abord, à la séance du 28 avril, un rapport très substantiel sur la question des octrois. MM. Laroche-Joubert et Clément-Prieur avaient reproduit un vœu, déjà déposé par eux dans les précédentes réunions du Conseil, vœu réclamant la suppression des taxes de ville. M. Ganivet combattit cette motion, non sans conclure, toutefois, au remaniement du tarif général, à la modification du mode de perception et à l'exemption des habitations éparses et rurales, qu'on ne saurait raisonnablement englober dans le périmètre de l'octroi.

Après une discussion, à laquelle prirent part la plus grande partie des membres du Conseil, ces conclusions furent adoptées.

A la même séance, M. Ganivet déposa un rapport sur l'avis demandé par le ministre des finances au sujet de l'évaluation des revenus fonciers de la propriété non bâtie. Il conclut à l'approbation de la répartition proposée, en ce qui touchait le contingent départemental, sans admettre cependant ces évaluations pour les sous-répartitions entre les arrondissements et les communes. Ces conclusions furent également adoptées.

Il n'en fut pas de même pour la concession à la compagnie des chemins de fer départementaux du réseau circulaire, dont le principe avait été voté à la session d'avril 1883. Le Conseil, sur la foi de renseignements plus ou moins sincères, hésitait à confirmer son vote et demandait l'annulation de la délibération.

M. Trarieux, rapporteur, concluait à la substitution au réseau d'une série de tronçons, reliant les chefs-lieux de canton du tracé préindiqué aux gares les plus voisines, soit Angoulême à Matha par Rouillac, Blanzac à Lavalette par Charmant, La Rochefoucauld à Montbron, Brossac à Aubeterre par Chalais, Segonzac à Gensac-la-Pallue et Aigre à Mansle par Luxé. Il offrait en outre, à titre de transaction, de confirmer définitivement à la compagnie des chemins de fer départementaux la concession de la ligne d'Angoulême à Rouillac, à la condition de réserver les autres tronçons à l'adjudication.

M. Ganivet, dans un superbe discours, combattit ces conclusions. L'occasion s'offrait unique, à ses yeux, de voir terminer, dans un délai relativement court, une ligne d'exploitation appelée à rendre les plus grands services à nos populations, en même temps qu'à donner, par la suite, un rendement suffisant pour couvrir et même dépasser le montant des dépenses. Comment le Conseil hésiterait-il à la saisir ?

La lutte fut acharnée et ne tint pas moins de quatre séances. En fin de compte, ce furent les conclusions de la commission qui l'emportèrent ; mais on peut dire que, dès ce moment, l'ère des espérances fut close pour nos populations rurales.

La session d'août présente, cette année-là, moins d'intérêt. Citons, cependant, un vœu, dont on ne saurait trop louer la sage économie, tendant à ce que la direction des écoles mixtes de filles et garçons soit exclusivement confiée à des institutrices, et un vœu demandant que les conseillers d'arrondissement fassent partie, de droit, des délégations cantonales ; rappelons, pour mémoire seulement, le renouvellement d'un vœu relatif à la vulgarisation des procédés découverts par M. Pasteur pour combattre le rouget du porc ; enfin, mentionnons, à côté de diverses observations sur des questions d'intérêt local et sur des irrégularités imputables à l'administration, un fort intéressant rapport sur les subventions imprudemment accordées par le département à l'Etat, pour la construction des chemins de fer d'intérêt général.

Dans la même session, M. Ganivet appuya la demande d'une subvention de 3,000 francs à la Société d'agriculture, pour la création d'un concours de greffage, et d'une subvention de 1,500 francs, pour la création d'une chaire départementale d'agriculture pratique. Ces deux crédits furent votés.

Au mois d'avril 1885, revinrent la plupart des questions de chemins de fer, dont M. Ganivet s'était, en quelque sorte, fait une spécialité. Aussi, le voyons-nous intervenir fréquemment dans la discussion. Citons, notamment, son rapport sur les voies d'intérêt général ; un rapport renouvelant le vœu du projet d'achèvement de la ligne de Roumazières à Confolens ; un autre relatif à la ligne de Barbezieux à Pons, invitant le préfet à faire procéder à l'enquête d'utilité publique ; un troisième sur le chemin de fer d'Angoulême à Matha par Rouillac ; enfin, le rapport sur les lignes destinées à réunir les chefs-lieux de canton aux gares les plus voisines.

Avec cette question, qui avait déjà passionné les séances du Conseil, l'année précédente, la discussion prit un nouvel essor. M. Ganivet fit les réserves les plus expresses sur le sentiment personnel que lui inspirait la décision d'avril 1884 ; mais, en qualité de rapporteur, il conclut à la mise en adjudication publique des divers tronçons restant à concéder, sauf certaines réserves à l'égard des portions de tracé encore soumises à l'étude, notamment de Blanzac à Charmant et de Montembœuf à Chasseneuil. Ces conclusions furent adoptées.

Terminons par trois vœux, l'un tendant à modifier le statut des enfants assistés en matière successorale, l'autre réclamant la création d'un bureau de poste à Jauldes, le troisième proposant le vote d'une somme de 1,000 francs pour les soldats blessés en Chine et au Tonkin.

La session d'août nous fournit un certain nombre de propositions pratiques sur le sort des employés de préfecture, dont M. Ganivet ne cessait de demander l'amélioration ; sur la situation, au point de vue de la caisse des retraites, des gens de service employés près les cours et tribunaux ; sur les attributions de la commission départementale en matière d'allocation de bourses, etc., etc.

Une mention spéciale est due au vœu réclamant l'application rétroactive aux officiers de l'ancienne armée des tarifs de retraite fixés par les lois de 1878 et 1879. Signalons aussi d'intéressantes observations sur les mécomptes dont sont menacés les agriculteurs, qui mettent leur confiance dans les sociétés d'assurances contre la mortalité du bétail.

Au mois d'avril 1886, se placent divers vœux, des rapports tendant au rejet d'un certain nombre de demandes de subvention et deux discussions d'ordre général, d'un intérêt assez vif.

Procédons par ordre et citons d'abord un vœu tendant au rejet, par les Chambres, des dispositions de la loi de finances portant augmentation de l'impôt sur les alcools et abolition du privilège des bouilleurs de crû. Joignons-y un vœu proposant l'allocation d'une somme de 1,000 francs, pour contribuer à la fondation de l'institut Pasteur, et un vœu portant création d'une halte pour voyageurs aux environs de Lescalier, sur le chemin de fer d'Angoulême à Bordeaux.

Parmi les demandes de subvention repoussées, au rapport de M. Ganivet, citons celles du général Jeanningros pour le monument de la défense de Paris, celle de la ville de Cognac pour un comice agricole, celle de l'orphelinat de l'enseignement primaire et celle du gouvernement pour allocations aux bibliothèques populaires.

Restent les deux discussions.

La première ramène, encore une fois, sur le tapis, la question des chemins de fer départementaux. L'adjudication des six tronçons destinés à relier les chefs-lieux de canton aux gares les plus voisines a eu lieu. Le projet a été soumis au ministre des travaux publics, qui l'accepte et offre au département de faire voter la déclaration d'utilité publique par les Chambres. Ces communications reçoivent l'accueil le plus favorable. Mais les difficultés commencent au sujet du chiffre de la subvention offerte par l'Etat.

Celui-ci a établi son calcul sur un rendement kilométrique de 2,000 francs, quand c'est, aux termes de la loi de 1880, sur un rendement de 1,500 francs seulement qu'il devait se baser. Il en résulte une perte de 15,000 francs pour le département.

MM. Sazerac de Forge et Trarieux penchent pour accepter la subvention offerte (161,000 francs) sans protester. M. Ganivet est d'un avis contraire. Il veut bien que l'on accepte la subvention, mais sous réserves et à la condition de demander des explications au ministre sur l'inobservation des prescriptions légales.

Ces conclusions sont adoptées.

La seconde discussion a pour objet un vœu de MM. Nadaud et Lacombe tendant à l'examen, par la Chambre, d'un projet dû à l'initiative d'un économiste, M. Alglave, et ayant pour objet le monopole de l'alcool établi au profit de l'Etat.

M. Ganivet combat avec énergie ce qu'il appelle une utopie dangereuse. Il est l'ennemi des monopoles, en général, et de celui-là. en particulier, parce qu'il serait improductif pour le Trésor et ruineux pour l'agriculture. Le Conseil a mieux à faire, en votant simplement le maintien du *statu quo*, tant en matière de taxe qu'en ce qui concerne les bouilleurs de crû.

C'est à cet avis que l'assemblée se range ; le vœu de MM. Nadaud et Lacombe est repoussé ; au contraire, celui de M. Ganivet, amendé par M. Trarieux, est voté à une imposante majorité.

Avec la session d'août, nous nous trouvons en présence d'une nouvelle série de propositions intéressantes.

Citons : 1º Un vœu sollicitant des compagnies de chemins de fer la gratuité du transport, ou tout au moins le quart de place, pour les individus mordus par des chiens enragés et envoyés en traitement à l'institut Pasteur. 2º Un vœu tendant à ce que les élections départementales ne soient pas fixées pendant les récoltes et que les élections au Conseil d'arrondissement aient lieu de telle sorte que ces assemblées puissent tenir leurs sessions un mois avant celles du Conseil général. 3º Un vœu réclamant de la compagnie d'Orléans la réduction à 30 kilomètres du minimum de distance à parcourir pour qu'il soit permis de prendre les secondes et les troisièmes en express ; une prolongation de vingt-quatre heures dans la durée de validité des billets d'aller et retour ; enfin, l'abaissement du prix de ceux-ci à 60 0/0 du tarif.

Soulignons, d'une place à part, un vœu plusieurs fois porté à la tribune du Parlement tendant à faire changer l'emplacement du champ de tir de Ruelle et une protestation, qui, depuis, a fait l'objet d'une proposition de loi récemment prise en considération par la Chambre, contre l'inégale répartition de l'impôt foncier. La Charente notamment paie chaque année 432,000 francs de plus qu'elle ne devrait. Le fait a été successivement reconnu par MM. Sadi-Carnot, Sarrien et Goblet, lorsqu'ils étaient au ministère ; mais il ne suffit pas de vaines promesses ; ce sont des dégrèvements qu'il faut obtenir et pour cela le Conseil n'a qu'une ressource : refuser la sous-répartition de l'impôt.

Ces diverses propositions sont successivement adoptées par l'assemblée.

Notons encore un grand rapport sur la vicinalité. L'esprit, qui se dégage de ce document, est celui d'une stricte économie inspirée et imposée par la situation financière du département. M. Ganivet conclut au rejet d'un emprunt de 600,000 fr. proposé par le préfet.

A la session d'avril 1887, moins intéressante et moins chargée que la précédente, revint la question des octrois, non plus cette fois au point de vue du principe, mais à raison de certaines modifications introduites dans l'application des tarifs. Les communes d'Angoulême, La Rochefoucauld et Mansle demandaient la prorogation, pour cinq années, à partir du 1er janvier 1888, des actes constitutifs de leurs octrois. M. Ganivet, sans s'opposer à cette demande, fit remarquer que la ville d'Angoulême, si elle proposait une légère réduction sur l'entrée des moutons, brebis, agneaux et chevreaux, augmentait en revanche, dans des proportions sensibles, la taxe des bœufs depecés et sur pied. Il rappela que le Conseil, en 1884, avait exprimé le vœu que le tarif général du 12 février 1870 fut abaissé et, s'inspirant de cette décision, proposa de repousser toute augmentation de taxe.

Le Conseil ne crut pas devoir se montrer aussi rigoureux et les tarifs furent homologués.

A citer aussi une intéressante discussion au sujet d'un emprunt de 62,500 francs, destiné à couvrir le solde des dépenses de construction des écoles normales. A la session d'août 1886, le Conseil avait refusé de voter cet emprunt, alléguant que l'Etat était seul débiteur de la somme restant à payer. Le préfet, au nom du ministre des travaux publics, revenait à la charge, sous prétexte que la loi du 20 juin 1885, sur l'entreprise des travaux départementaux, interdisait à l'Etat d'intervenir désormais autrement que pour garantir les intérêts et l'amortissement de l'emprunt contracté par le département.

M. Ganivet objecta que les constructions, dont il était question, remontaient à une date antérieure au 20 juin 1885 et ne pouvaient tomber sous le coup de la loi invoquée par le ministre pour se libérer d'un engagement ferme.

Cette doctrine prévalut et le Conseil, en consentant néanmoins l'emprunt, eut soin de spécifier qu'il ne cédait qu'à la nécessité et maintenait, en principe, son droit envers l'Etat.

Mentionnons encore une proposition tendant à partager en deux fractions le crédit alloué pour secours aux communes dans la construction des édifices du culte. L'une serait distribuée en avril et l'autre en août, ce qui permettrait de faire face aux nécessités les plus pressantes.

Cette sage réforme fut adoptée.

Enfin, signalons une observation en faveur de la suppression des sous-préfectures, et une autre tendant à faire allouer, par le département, une subvention de 2,000 francs à l'école nationale de musique.

Cette session est, en quelque sorte, la dernière, qui mérite une mention, dans l'ensemble des travaux d'intérêt départemental, que nous avons tenu à résumer, aussi rapidement mais aussi fidèlement que possible, en ces pages.

La session d'août 1887 ne compte, en effet, que quelques rapports de pure forme sur des objets dont la solution ne pouvait être contestée, quelques observations sans importance sur des réclamations émanant des communes, et une série de vœux, parmi lesquels nous distinguons une demande de crédit, aux fins d'offrir à M. Raoul Verlet, auteur du monument des Mobiles, une médaille d'or, à l'occasion du grand succès qu'il vient de remporter au Salon (1).

Il nous faut, toutefois, faire une place à part au discours que M. Ganivet prononça, le mois de janvier suivant, à la session extraordinaire provoquée par certaines décisions récentes du Conseil général de la Dordogne, au sujet des lignes de chemin de fer projetées et non encore exécutées de Ribérac à Montmoreau et de Nontron à Sarlat.

Rappelons brièvement la question.

Une loi du 31 décembre 1875 avait décrété d'utilité publique une ligne de chemin de fer allant de Ribérac à Montmoreau. Le Conseil général de la Charente avait voté une subvention de 10,000 fr.

---

(1) M. Raoul Verlet, enfant d'Angoulème, constamment encouragé par le département et la ville dans ses remarquables études à l'école des Beaux-Arts, venait de couronner cette première phase de sa carrière en remportant, avec son *Orphée*, le prix du Salon, à l'exposition du Palais de l'Industrie.

par kilomètre, bientôt portée à 15,000, qui fut acceptée par le ministre, le 9 avril 1878. Mais le département de la Dordogne, désireux d'accaparer entièrement la ligne projetée, fit, dès cette époque, des démarches actives, par l'intermédiaire de ses députés, pour obtenir la substitution au tracé adopté d'une ligne de Ribérac à Parcoul, passant à plus de huit kilomètres de Chalais, c'est-à-dire de la Charente.

Ces efforts ne furent heureusement couronnés d'aucun succès. Plusieurs textes législatifs intervinrent, qui, tous, établirent le droit, pour notre département, de revendiquer la construction à voie normale du tracé par Montmoreau.

Quelle que fût l'autorité de ces décisions, le département de la Dordogne ne se tint pas pour battu, et son Conseil général, comme si aucun engagement n'existait, fit de nouvelles démarches auprès du ministre pour obtenir : 1º la subtitution de la voie étroite à la voie normale ; 2º la substitution du tracé Ribérac-Parcoul au tracé Ribérac-Montmoreau. Cette fois le ministre, sans prendre d'engagement absolu, parut fléchir, et, dans une lettre adressée le 30 novembre 1887 à M. le préfet de la Dordogne, montra l'intention de remettre en question, devant les Chambres, une difficulté maintes fois tranchée par elles.

En présence d'un tel état de choses, le Conseil

général de la Charente ne pouvait que se réunir d'urgence et protester. Comme le dit fort éloquemment M. Ganivet : « Si la prétention du département de la Dordogne aboutissait au résultat visé, il faudrait avouer que les lois n'ont plus aucune autorité, qu'on les fait et les défait à plaisir et que c'est folie de croire aux promesses qu'elles contiennent. »

Nous eussions voulu reproduire *in extenso* ce lumineux exposé, propre à faire ressortir, mieux que tout autre, les qualités qui distinguaient M. Ganivet et le mettaient hors de pair dans les discussions de cette nature. Mais il nous a fallu renoncer à ce désir, si vif qu'il fût. M. Ganivet n'écrivait pas plus ses discours que ses plaidoiries. Il parlait sur notes, et souvent même sa prodigieuse mémoire suppléait à l'absence de tout manuscrit.

Nous avons donc dû nous borner au compte rendu analytique, fort exact heureusement, mais bien froid à côté de l'éloquence des termes. Il forme la cote 9 et avant-dernière de l'Appendice.

M. Ganivet devait en effet prendre encore une fois la parole, au Parlement, pour défendre les conquêtes menacées des viticulteurs et bouilleurs de crû.

Nous le suivrons, au chapitre suivant, dans cette

dernière et brillante campagne, close si inopiné-
ment par le mal impitoyable qui le ravit, en
pleine force, à la reconnaissance de notre département.

CHAPITRE V.

DERNIÈRE LÉGISLATURE (1885-1888).

Le scrutin de liste avait été rétabli par la Chambre ; l'union conservatrice était la formule des élections : les prévisions de l'électeur sénatorial de 1879 se réalisèrent. M. Ganivet fut inscrit en tête des candidats présentés par le parti conservateur à l'élection du 4 octobre 1885.

Le succès le plus éclatant accueillit l'entente patriotique des partis, sur le terrain des intérêts et des libertés nécessaires.

Après une campagne triomphale, au cours de laquelle, M. Ganivet, si populaire et si sympathique à nos populations rurales, paya largement son tribut, la liste conservatrice passa tout entière, avec près de 10,000 voix de majorité, ce qui laissait bien loin l'élan, si spontané pourtant, de 1871.

Un mouvement de joie et de légitime orgueil salua, sur tous les points du département, un résultat qui dépassait les espérances les plus ambitieuses. M. Ganivet reçut de nouvelles marques de cette estime particulière, dont nous avons, en 1881, relevé le touchant témoignage. Ses électeurs d'Hiersac, d'Angoulême, de Rouillac et de Saint-Amant-de-Boixe étaient fiers de le voir aussi complètement vengé. Ils le lui dirent dans des lettres charmantes, dont il crut devoir les remercier, en même temps qu'il remerciait la Charente tout entière de l'honneur, qu'à quinze ans d'intervalle, elle venait, pour la seconde fois, de lui faire.

Bientôt, il reprit le chemin de la Chambre où ses collègues l'accueillirent comme s'il ne les avait jamais quittés.

Par un sentiment de véritable délicatesse, le groupe de l'Appel au peuple lui rendit jusqu'au fauteuil qu'il avait occupé.

Avec ses prérogatives, M. Ganivet retrouva ses habitudes d'exactitude et de labeur. L'année 1886, la première de son nouveau mandat, témoigne d'une activité, d'une persévérance, d'une fécondité, que devait seule interrompre la mort. Il faut l'avoir suivi, comme nous allons le faire, dans la triple étape, qui marque cette dernière phase de sa carrière, pour se faire une idée de l'autorité croissante qu'acquéraient sa personne et son talent.

Chaque jour, le cercle s'élargissait autour de lui, et, lorsque M. Floquet prononçant son éloge, du haut de la tribune présidentielle, s'écriait : « Non-seulement il fut un des collaborateurs les plus utiles des plus importantes commissions, mais il tint avec une rare persévérance et un grand talent, le rang le plus honorable dans nos discussions », il ne faisait qu'exprimer un sentiment, qui était à la fois dans tous les esprits et sur toutes les lèvres.

M. Ganivet, que ses premiers travaux avaient classé parmi les érudits et les laborieux de la Chambre, s'était, par ses derniers discours, élevé au rang de ses orateurs les plus écoutés.

Mais, n'anticipons pas sur le triste épilogue, qui doit clore cette étude, et parcourons rapidement les trois années, qui nous en séparent.

C'est d'abord, en 1886, toute une série de propositions déposées sur le bureau de la Chambre. Les unes sont dues à l'initiative de M. Ganivet et signées d'un certain nombre de ses collègues de la Charente ou simplement de la Droite. Les autres sont présentées par ses collègues, mais sa signature figure au premier rang de celles qui appuient le projet.

Parmi les premières, citons le dépôt, à la date

du 27 février, d'une proposition tendant à l'abrogation de certains paragraphes de la loi du 28 juillet 1875, sur les allumettes (1).

L'article unique en est ainsi conçu :

« La loi du 28 juillet 1875, relative aux allumettes, est abrogée en tant qu'elle confère aux concessionnaires du monopole le droit de faire des perquisitions domiciliaires chez les simples particuliers, qui ne sont ni fabricants ni marchands. »

On voit, par ce seul énoncé, à quels abus la proposition déposée par M. Ganivet avait pour objet de mettre un terme. La simple détention d'une allumette de contrebande constituant un délit, le domicile des contribuables est ouvert à toute heure au caprice des employés de la régie. Il y a là une vexation et un danger que l'intérêt public ne suffit pas à excuser. Le contrôle du fisc peut s'exercer utilement sur les fabricants et les débitants, sans que les habitations particulières restent sous la menace perpétuelle d'une perquisition ou d'une visite.

Nous ne croyons pas cependant que le Parle-

(1) Signataires : MM. Ganivet, le baron Eschassériaux, Laroche-Joubert, le baron Vast-Vimeux, Arnous, Louis Roy de Loulay, Boreau-Lajanadie, Jolibois, Cuneo d'Ornano, Georges Roche et de Champvallier.

ment, plusieurs fois saisi de la question, ait encore statué sur cette revendication cependant bien légitime.

Parmi les projets, où le nom de M. Ganivet figure au rang des simples signataires, mais que que son initiative antérieure ou postérieure ont fait presque siens, citons :

1º Le projet de M. Arnous tendant à accorder une exemption temporaire de l'impôt foncier aux terrains plantés en vignes, dans les départements phylloxérés.

Nous avons vu M. Ganivet déposer une proposition analogue en 1877 (1). Cette fois elle eut la bonne fortune d'être prise en considération (2).

2º L'amendement tendant à réduire de 11,075,000 le contingent de la contribution foncière des propriétés non bâties de 46 départements, reconnus pour payer plus que la moyenne de 4,60 0/0 du revenu net imposable (3).

Nous reviendrons sur cette question, qui intéresse si vivement la Charente, au moment où M. Ganivet, désespérant d'obtenir le dégrèvement,

(1) Page 92 de cet ouvrage.

(2) Séance du 29 juin 1886.

(3) Signataires : MM. Vast-Vimeux, Jolibois, Ganivet, Eschassériaux, Laroche-Joubert, Georges Roche, de Champvallier, Arnous, Boreau-Lajanadie, Cuneo d'Ornano et Roy de Loulay.

déposera un amendement tendant à une nouvelle et plus équitable répartition de l'impôt (1).

3° La proposition de loi déposée par M. Cuneo d'Ornano sur le *referendum* national, en matière législative (2).

Le terme, alors nouveau pour le commun des mortels, a fait, depuis, son chemin dans le monde. Il n'est personne, aujourd'hui, qui ne connaisse ce droit pour les citoyens, lorsqu'ils réunissent un nombre constitutionnellement fixé d'adhésions, de demander à ce qu'une proposition de loi, votée par le Sénat ou la Chambre, soit directement soumise à la sanction du peuple.

Véritable extension du droit de pétition, resté jusqu'ici sans sanction, le *referendum* est, à défaut du plébiscite et de la nomination directe du chef de l'Etat par le suffrage universel, une garantie donnée au peuple contre les abus, toujours possibles, d'une oligarchie parlementaire.

Quand on connaît les principes politiques, auxquels M. Ganivet fut constamment fidèle, on n'est pas surpris de voir son nom figurer au bas d'une

(1) Séance du 18 juillet 1887.

(2) Signataires : MM. Cuneo d'Ornano, Dufour, d'Ariste, Laroche-Joubert, Ganivet, de Colbert-Laplace. Harispe, Labat, Murat, Sarrette, Gaston Galpin, Eschassériaux, Vast-Vimeux et Levert.

proposition tendant à étendre les prérogatives de la souveraineté nationale.

4° Enfin, l'amendement déposé par un certain nombre de députés de la Droite sur la fixation du taux de l'intérêt des caisses d'épargne.

L'Etat se préoccupait, à juste raison, du danger que présente cette accumulation de fonds toujours exigibles, et proposait, pour restreindre l'importance des dépôts, d'abaisser le taux de l'intérêt.

Tout en admettant le bien fondé de ce dessein, la Droite, par l'organe de quelques-uns de ses membres, au nombre desquels MM. Laroche-Joubert, Ganivet et Arnous, proposait un abaissement progressif et proportionnel à l'importance du dépôt : 4 0/0 pour les dépôts inférieurs à 300 fr., 3.50 0/0 pour les dépôts de 300 à 500 fr., etc., jusqu'à 2 0/0 pour les dépôts supérieurs à 1,000 fr.

Cette proposition, si conforme aux principes d'une sage économie, ne trouva pas plus grâce que les autres auprès d'une assemblée systématiquement hostile, qui devait paralyser, désormais, le concours d'une notable fraction de ses membres.

M. Ganivet et ses collègues virent triompher le projet, plus radical, présenté par la commission : l'intérêt bonifié réduit uniformément à

3.25 pour les caisses d'épargne privées et à 2.75 pour les caisses d'épargne postales (1).

A côté de ces projets, déposés ou simplement soutenus, se placent d'intéressantes discussions, des discours dignes d'être analysés, de simples interventions aussi, où ne manquent jamais d'apparaître cette scrupuleuse observation de la forme, ce souci de l'ordre dans les délibérations, cette courtoisie, qui faisaient dire à M. Floquet, parlant du collègue éminent que la Chambre venait de perdre : « Ce membre fidèle du parti de l'appel au peuple fut en même temps un parlementaire consommé. »

Parlementaire, oui, M. Ganivet l'était, dans la bonne acception du terme, et c'est précisément parce qu'il l'était, qu'il jugeait sévèrement un régime, qui n'a plus du parlementarisme que le masque, à l'abri duquel se dissimulent ses passions.

Le 6 février, il montait à la tribune, pour protester contre la procédure suivie dans une question touchant certaines irrégularités relevées dans le service des transports de la guerre.

Le 12 avril, il intervenait dans la discussion sur l'examen des opérations électorales de la Corse. Le bureau concluait à la validation, alors que des protestations s'élevaient de tous les points

(1) Séance du 20 novembre 1886.

de la contrée. Il s'agissait, on l'a deviné, de l'élection d'un membre de la majorité.

« Vous ne voulez même pas de l'enquête ? s'écria M. Ganivet ; vous ne voulez pas de la lumière ? Et ces faits, que vous absolvez aujourd'hui, hier vous les flétrissiez, par l'organe de M. Andrieux, dans l'élection des Basses-Alpes !.. »

On aurait pu lui répondre qu'il s'agissait, dans les Basses-Alpes, de l'élection d'un membre de la minorité. Et, ma foi, on le lui répondit, en repoussant, à une énorme majorité, la demande d'enquête qu'il formulait.

Le 17 juin, ce fut la proposition Loustalot, qui le conduisit à prendre la parole et à prononcer un discours merveilleux de logique et d'autorité.

Bien que la question soit très contemporaine de l'époque où nous écrivons, il n'est peut-être pas inutile d'en rappeler l'économie. M. Loustalot proposait, dans le but évident de déplacer la majorité acquise par les conservateurs dans certains départements, de faire élire désormais deux conseillers généraux au lieu d'un, par les cantons comptant plus de 20,000 habitants. La commission chargée d'examiner la proposition en avait admis le principe, élevant seulement de 20 à 25,000 le chiffre des habitants.

On conçoit aisément qu'un tel système ne pouvait avoir pour conséquence que la désorganisa-

tion du régime départemental organisé par la
loi de 1871. Ne répondant à aucun principe, ne
donnant satisfaction à aucun vœu, il ne restait
que comme un expédient électoral, incapable
même de donner satisfaction à ceux qui l'escomp-
taient. M. Ganivet, en effet, démontra par des
chiffres que, sur toute la France, le nombre des
conseillers généraux ne serait augmenté que de
288, dans le système de M. Loustalot, et de 148,
dans celui de la commission, sur près de 3,000
collèges.

La Chambre ne vota pas moins la première de
ces propositions par 337 voix contre 208. Ce vote,
il est vrai, ne fut pas définitif. Le projet resta-t-il
dans les cartons, fut-il repoussé en seconde délibération, rejeté par le Sénat, nous n'avons pas eu
la curiosité de le rechercher. Tout ce que nous
pouvons dire, c'est qu'il vient (1) d'être soumis à
l'examen d'une nouvelle commission.

Bientôt, l'ordre du jour devait appeler la discussion du projet de loi, que nous avons signalé plus
haut, sur le dégrèvement à opérer au profit des
départements trop imposés.

Ce fut une véritable bataille de deux jours, où
M. Ganivet gagna la première manche, pour perdre,
le lendemain, la partie.

(1) Mars 1890.

Le comte Duchâtel avait déposé un amendement tendant à diminuer de 11 millions le contingent de la propriété foncière non bâtie. M. Ganivet le développa et fut assez heureux pour emporter le vote de la Chambre. Mais il serait puéril de croire qu'un vote du Parlement suffise à assurer les destinées d'une proposition.

La commission du budget ne voulut pas se tenir pour battue ; elle ne pouvait inviter l'Assemblée à se déjuger en propres termes, à vingt-quatre heures d'intervalle ; aussi tenta-t-elle, par un stratagème, d'atteindre le même résultat. Elle simula un acquiescement absolu au vœu témoigné par la Chambre et se borna au dépôt d'un article additionnel, qui bouleversait toute l'économie du projet. Le dégrèvement était admis, en principe, mais les conseils généraux étaient invités à faire, au préalable et à leurs frais, un travail de péréquation qui devait nécessiter plusieurs années.

M. Ganivet reparut à la tribune. Il protesta vivement contre cette façon détournée d'anéantir le succès qu'il avait obtenu la veille ; mais le vent avait changé. La Chambre commença par voter la proposition additionnelle de la commission, puis, sur une nouvelle instigation du rapporteur, repoussa tout ce qu'elle venait de décider.

C'était encore une année perdue pour la cause de l'équité ; ce n'était malheureusement ni la première, ni la dernière. Nous retrouverons, en 1887, M. Ganivet sur la brèche, combattant avec la même conviction, malheureusement sans plus de bonheur.

N'insistons donc pas davantage et remettons à plus tard les développements complémentaires que mérite une question, dont l'actualité dure depuis seize ans.

A la rentrée d'octobre, la discussion du projet de loi sur l'organisation de l'enseignement primaire fournit à l'honorable député de la Charente l'occasion de plusieurs rappels aux principes, toujours aisément méconnus.

L'article 5, par exemple, contenait une phrase peu conforme au langage juridique, qu'il semblait pourtant vouloir lui emprunter. « Sont incapables de tenir une école, disait-il, les individus condamnés pour *délit contraire à la probité.* » M. Ganivet fit observer qu'il n'y avait point, dans la langue du droit pénal, de délit contraire à la probité. Tous les délits pourraient recevoir cette qualification, qui, si elle n'était pas considérée comme un pléonasme, courrait le risque d'engendrer de fâcheuses interprétations.

La commission maintint sa rédaction et la phrase resta.

De même, l'article 12 portait que la répartition, entre plusieurs communes, de la dépense occasionnée par une seule école serait faite par le préfet. M. Ganivet rappela que la loi de 1871 avait attribué cette prérogative au Conseil général. Mais la Chambre ne tint aucun compte de l'observation et vota l'article 12, tel qu'il lui était présenté.

Quelques jours plus tard (1), une observation de M. de Mackau, sur une dette mise par l Etat à la charge du département de l'Orne, amena M. Ganivet à développer, devant le Parlement, la théorie que déjà nous l'avons vu soutenir victorieusement devant le Conseil général de la Charente (2), sur l'application de la loi de 1885 aux subventions antérieurement promises par l'Etat aux départements pour la construction de leurs maisons d'école.

C'est vainement, dit-il en substance, qu'on cherche à masquer aujourd'hui, sous le couvert de prétendus emprunts départementaux, des dettes, qui sont et qui restent des dettes de l'Etat. Les conseils généraux auraient le plus grand tort de se prêter à cette manœuvre, qu'il faut, au contraire, dénoncer à l'opinion publique et au pays.

Mais ce n'était là qu'un épisode sans grande portée. La séance du 25 novembre suivant devait

(1) 6 novembre 1886.
(2) Session d'avril 1887.

marquer d'un succès plus positif les derniers jours de la session parlementaire. M. Ganivet intervint, à deux reprises, dans le débat, et, les deux fois, eut la rare bonne fortune de triompher du parti pris de ses adversaires.

On discutait le chapitre 86 du budget des finances, réglant les dépenses du personnel de l'administration des contributions indirectes. Il déposa un amendement tendant à surseoir au vote de ces dépenses jusqu'à ce que la loi de finances ait statué sur les proportions de la commission du budget et du gouvernement relatives au régime des boissons.

Il était, en effet, question de supprimer l'exercice. Or, cette suppression ne pouvait manquer de diminuer, dans des propositions notables, le nombre des agents du service général et partant les crédits affectés à leur entretien. N'était-il pas, dès lors, de la plus élémentaire logique d'attendre que ce premier point fut vidé pour arrêter le montant des dépenses occasionnées par un personnel, qui, selon toute vraisemblance, ne tarderait pas à disparaître ?

Il se trouva, cependant, un rapporteur, M. Dreyfus, et un commissaire du gouvernement, pour combattre cette proposition. Fort heureusement — une fois n'est pas coutume — le bon sens l'emporta. L'amendement Ganivet fut voté.

Un incident inattendu devait, à la fin de la séance, lui procurer un nouveau triomphe, plus sensible encore à l'industrie charentaise que le succès d'ordre général qu'il venait de remporter.

La Chambre avait décidé, quelque temps auparavant, la suppression, à dater du 1er décembre 1886, de l'impôt qui pesait si lourdement sur les papiers. On pouvait croire cet avantage acquis et, déjà, les transactions, languissantes depuis plusieurs mois, avaient repris quelque essor, quand un membre de la Gauche, M. Labussière, déposa une proposition tendant à proroger l'impôt jusqu'après le vote de la loi de finances.

Pris à l'improviste mais sentant l'importance qu'avait pour une industrie, déjà trop éprouvée par la concurrence étrangère, le verdict que la Chambre allait rendre, M. Ganivet improvisa une chaleureuse défense et fut assez heureux pour faire repousser l'urgence.

Cette victoire inescomptée dut, en raison même de son caractère, le consoler de bien des batailles perdues. Elle n'était, cependant, que le prélude des nouveaux succès qui, quinze mois plus tard, devaient si dignement et si douloureusement couronner son œuvre.

L'année 1887, peut se résumer de la façon suivante : 1º Une nouvelle et intéressante tentative en faveur de la suppression des inspecteurs généraux de l'enseignement primaire ; 2° Un amendement vaillamment soutenu sur la péréquation de l'impôt foncier ; 3° Une éloquente protestation contre la loi dite « des instituteurs », loi qui augmentait les traitements de ces fonctionnaires, sans souci des charges du budget, et achevait en même temps, au profit de l'Etat, le dépouillement des dernières prérogatives laissées aux communes en matière scolaire.

Joignons, pour être complet, à cette énumération sommaire, trois interventions fort utiles mais de moindre envergure, sur lesquelles nous aurons à nous expliquer plus brièvement.

C'est à la séance du 24 janvier que M. Ganivet, dont on connaît déjà les précédents efforts pour faire supprimer, comme inutiles, les fonctions d'inspecteur général de l'enseignement primaire, crut devoir protester, avec une nouvelle énergie, contre l'augmentation toujours croissante du nombre de ces fonctionnaires, porté de quatre à huit, et demander, par un amendement, la suppression du crédit de 80,000 francs affecté à leur traitement.

« La première économie à réaliser, dit-il, c'est la suppression de tous les emplois inutiles, de toutes les sinécures, qui ne rendent aucun service, si ce n'est à leurs titulaires, en leur permettant d'émarger au budget. »

Et reprenant, avec la verve que lui inspirait le sujet, le tableau déjà fait des voyages d'agrément auxquels se borne la mission des inspecteurs généraux de l'enseignement primaire, il ajoutait :

« Il y a 110,000 fonctionnaires attachés à cet enseignement. Ces 110,000 fonctionnaires sont répartis entre 80,000 écoles. Je vous demande s'il serait possible, en supposant que l'existence des inspecteurs généraux put se prolonger pendant cinquante années, qu'ils pussent visiter les écoles confiées à leur surveillance? (Très bien! très bien! à droite). Chacun d'eux aurait 10,000 écoles à visiter.

« Aussi, que se passe-t-il ? Lorsqu'arrive la belle saison, les inspecteurs généraux, qui résident à Paris, partent pour la province, où ils vont faire un voyage, je ne dirai pas d'inspection, mais d'agrément.

« On arrive dans le chef-lieu du département, on va voir l'inspecteur d'académie, le préfet. Peut-être, pour satisfaire au principe de la fonction, va-t-on visiter une école, celle qui est au chef-lieu, ou celle d'une commune voisine ; mais quant aux autres, c'est-à-dire à l'immense majorité de nos écoles primaires, on ne les visite jamais, on ne sait pas ce qui s'y passe, on ne sait même pas où elles sont. »

Il semble, après une peinture aussi satirique, après des arguments comme ceux tirés des cinq degrés d'inspection auxquels les écoles primaires sont soumises avant d'incomber au contrôle des inspecteurs généraux, que la Chambre n'ait pas dû hésiter à réaliser l'économie qui lui était proposée. Eh ! bien non ; l'amendement de M. Ganivet émanait d'un membre de la Droite ; il fut repoussé.

Le même esprit d'opposition se manifesta, quelques mois plus tard, dans une question de bien autre ampleur et que nous avons déjà traitée, celle de l'égale répartition de l'impôt foncier entre les quatre vingt-sept départements de France.

Le sujet est si actuel (1), que nous n'hésitons pas à en rappeler ici l'économie, suivant, pour ainsi dire pas à pas, le discours, vraiment admirable de clarté, de bon sens et de savoir, que M. Ganivet prononça, sans triompher du parti pris de ses adversaires, à la séance du 18 juillet suivant.

La répartition de l'impôt foncier remonte à 1790, date de l'établissement de cette taxe. On était alors pressé par les circonstances et il avait

(1) La Chambre, après seize ans d'instance, vient enfin de voter la prise en considération d'un projet de loi favorable à la péréquation. Sera-t-il plus heureux que ceux antérieurement discutés, soutenus, presque adoptés ? L'avenir nous le dira ; nous nous plaisons à l'espérer. Nous n'irons pas jusqu'à le croire.

bien fallu se contenter d'une base imparfaite, accueillie à titre provisoire, et sur laquelle on s'était promis de revenir, dès que le temps le permettrait. Ce provisoire a duré un siècle.

Cependant, le vice de la répartition n'a pas tardé à éclater à tous les yeux. Il a été démontré que les 118,600,000 francs, qui constituent le principal de la contribution foncière, étaient payés de telle sorte, que 42 départements sont imposés ensemble pour 67,075,000 francs, tandis que 45 autres ne le sont que pour 51,502,000 francs.

Or, le principe fondamental de la loi de 1790 étant le répartement proportionnel de l'impôt par les Chambres entre les 87 départements de France, il n'est pas admissible que ceux-ci soient sectionnés en deux groupes, l'un payant environ 57 0/0 de la contribution totale, alors que l'autre ne paie que 43 0/0.

Il semble qu'exposer la question soit la résoudre ; et pourtant, le Parlement, pendant seize ans, de 1874 à 1890, s'est constamment dérobé au devoir qui lui incombait de ce chef.

En 1874, l'Assemblée nationale mettait le gouvernement en demeure de présenter, au budget suivant, une nouvelle répartition de l'impôt, basée cette fois sur la proportionnalité des revenus de chaque département. En 1875, même injonction fut insérée dans la loi de finances. Enfin, en 1879, le gouvernement demanda un million, pour faire procéder à des évaluations susceptibles de révéler la valeur réelle du revenu.

Ce million fut voté et les évaluations faites. Elles donnèrent, pour chaque département, la moyenne existant entre le revenu réel et l'impôt payé, et permirent, en groupant ces indications, d'obtenir le rapport de l'impôt foncier au revenu territorial de la France.

Ce rapport, fixé à 4.60 0/0, donnait enfin les bases d'une répartition équitable de l'impôt.

Quelles raisons le Parlement trouva-t-il pour différer encore cet acte de justice ? Nous renonçons à le dire. Le discours de M. Jules Roche, qui en contient l'exposé, n'est qu'un tissu d'arguments spécieux dont, un à un, M. Ganivet démontra l'inexactitude ou l'inanité (1).

«—Le travail d'évaluation, exécuté dans le but de permettre la péréquation si ardemment désirée de l'impôt, dit M. Jules Roche, n'a donné que des moyennes et ne permet pas d'asseoir une répartition sérieuse. »

(1) On se souvient que ce fut M. Ganivet qui prit, au Conseil général, l'initiative du refus de procéder au sous-répartement de l'impôt foncier sur la propriété non bâtie. C'est aussi à son initiative que fut dû, l'année précédente, le dépôt du projet de dégrèvement que nous avons relevé plus haut.

« — Des moyennes ? riposte M. Ganivet. Mais c'est précisément ce que nous demandons. Il n'est pas besoin d'autre chose. Sur quoi fonderait-on le travail de la répartition, si ce n'était sur des moyennes ? »

« — Votre répartition, réplique M. Jules Roche, laissera subsister encore bien des inégalités. Je connais tel arrondissement, dans l'Aude, par exemple, qui paie 9.45 0/0 de son revenu, tandis que tel autre ne paie que 1 0/0.

« — Vous confondez la répartition et la sous-répartition, reprend vivement M. Ganivet. La Chambre ne connaît que 87 contribuables, les 87 départements, entre lesquels elle doit équitablement répartir l'impôt. C'est aux conseils généraux à procéder, ensuite, à la sous-répartition du contingent départemental entre les arrondissements, et aux conseils d'arrondissements à répartir à leur tour leur contingent entre les communes. »

La leçon était sans réplique et cependant il se trouva une imposante majorité pour repousser l'amendement si brillamment soutenu par M. Ganivet.

Ce nouvel échec de la raison, en lutte avec le parti pris d'une majorité politique, ne découragea pas son zèle. Il reparut à la tribune, en novembre, au moment de la discussion d'un projet relatif aux dépenses ordinaires de l'instruction publique et aux traitements du personnel de ce service.

Son intervention ne porta que sur des points de détail ; mais elle fut si topique que le rapporteur de la commission, M. Steeg, ne trouva rien à y répondre. La Chambre n'en tint cependant aucun compte et donna libre carrière à ses appétits d'indépendance.

La première fois, c'était le 8 novembre, M. Ganivet fit remarquer l'injustice d'une disposition qui mettait à la charge des communes l'entretien et la location d'écoles de hameau, dont très souvent elles ne profiteraient pas, leur création ayant pour objet d'abréger le trajet d'enfants appartenant à des communes limitrophes de celles sur le territoire desquelles l'école serait placée.

Aucune contestation sérieuse ne se produisit ; mais, quant vint le scrutin, la majorité, comme si elle n'avait rien entendu, vota le paragraphe incriminé, sans y changer une lettre.

Même jeu à la séance du 14. L'article 24 du projet donnait aux dépenses d'entretien et de personnel, mises à la charge des communes, le caractère de dépenses obligatoires, alors que le rapporteur, au moment du vote de l'article 4, énumérant ces dépenses, avait formellement déclaré que, dans l'esprit de la commission, elles étaient facultatives.

M. Ganivet fit remarquer cette contradiction, qu'il était impossible de nier ; mais la majorité se boucha les oreilles et l'article 24 fut voté dans toute sa rigueur.

Relatons encore, pour compléter ces notes sur l'année 1887, une intéressante observation, à la séance du 27 février, sur la précipitation avec laquelle la Chambre se disposait à voter le budget, amendé par le Sénat.

« Il n'y a pas douze heures que celui-ci a terminé sa délibération, dit M. Ganivet ; il y a trente cinq minutes que la séance est ouverte ; on n'a même pas distribué le compte rendu officiel des débats sur lesquels nous sommes appelés à nous prononcer ; et l'on demande l'urgence ? »

Ici encore, c'est la vérité même qui sort de la bouche de l'orateur. Que fait la Chambre ? Elle vote la discussion immédiate.

N'ajoutons aucun commentaire et terminons par la simple énonciation de deux interventions sans conséquence, l'une, dans la discussion du tarif général des douanes, l'autre, pour demander l'ajournement d'une loi d'intérêt local, non encore élucidée par l'enquête.

Hélas, nous touchons au terme de cette longue et si brillante carrière. L'année 1888, dont les premiers mois furent occupés par un incessant labeur, devait être interrompue en plein essor. Le 15 mars, M. Ganivet prononça son dernier discours à la tribune du Parlement ; un refroidissement le saisit au sortir de la séance, et, après douze jours d'angoisses, coupées d'alternatives, durant lesquelles nous nous plaisions à reprendre espoir, la nouvelle de sa mort s'abattit comme un coup de foudre sur notre contrée.

Que de travaux entassés en ces trois mois, les derniers dont nous ayons à parcourir le cycle : deux rapports et cinq discours, pour ne parler que des monuments.

Le 31 janvier, dépôt à la tribune d'un rapport sur le projet de loi relatif à la création de syndicats obligatoires pour la défense des vignes contre le phylloxéra.

Le 9 février, dépôt d'un amendement tendant à faire voter un crédit de 100,000 francs pour déplacer le champ de tir de Ruelle.

Le 2 mars, rapport sur la proposition de M. Maurel (Var) tendant à modifier le texte de l'article 21 du règlement de la Chambre.

Le lendemain, discours sur le chapitre 14 (traitement des commissaires de police) du budget de l'Intérieur.

Le 12 et le 13, éloquentes interventions pour défendre, une dernière fois, le privilège menacé des bouilleurs de crû. Le 15 enfin, superbe plaidoyer en faveur de l'industrie charentaise, menacée d'une nouvelle surtaxe des alcools et de la perception de l'impôt à la fabrication.

Passons rapidement en revue ces diverses questions.

La création de syndicats obligatoires, en vue de combattre les ravages du phylloxéra, soulevait une grave objection, celle de l'atteinte portée au droit de propriété. M. Ganivet, dans son rapport, l'examine avec l'esprit judicieux qui préside à tous ses travaux, et en fait aisément justice au nom de l'intérêt général. Il ne reste plus, dès lors, qu'à régler l'organisation des syndicats, ce que le projet réalise en quinze articles d'une irréprochable ordonnance.

Moins complexe est la question du champ de tir de Ruelle. Tout le monde sait que la détonation des pièces de gros calibre amène l'ébranlement du sol, le bris des vitres et parfois la dislocation des maçonneries les plus solides. C'est pour obvier aux inconvénients nés de ce chef, des essais répétés de la fonderie, que M. Ganivet sollicitait l'achat d'un terrain mieux approprié que le terrain actuel à ces exercices, dont les villages voisins éprouvent un continuel préjudice (1).

Nous ne dirons qu'un mot de l'intervention du

(1) L'amendement fut repoussé ; mais, le ministre de la marine prit, en quelque sorte, l'engagement de comprendre le crédit demandé dans son budget de l'année suivante, ce qui fut fait, sur les nouvelles instances de M. Gellibert des Seguins, successeur de M. Ganivet à la Chambre.

3 mars dans la discussion du budget de l'Intérieur, intervention ayant pour objet de faire porter sur la police spéciale des chemins de fer, dans la proportion des deux tiers environ, la réduction consentie par la commission du budget et le gouvernement sur « le traitement des commissaires de police. »

M. Ganivet estimait que dans un grand nombre de villes — il en citait trente-deux, désignées également par la commission — cette police spéciale était rendue superflue par l'organisation de la police ordinaire. Il voulait, en conséquence, arracher au ministre l'engagement d'obéir au vœu exprimé par la commission et par la Chambre. Mais, quels qu'aient été ses efforts, il n'y parvint pas.

Nous ne nous étendrons pas davantage sur le rapport fait, au nom de la commission d'initiative parlementaire, sur la proposition de M. Maurel, tendant à modifier le règlement intérieur de la Chambre. Il s'agissait d'ajouter à l'article 21, une disposition ainsi conçue : « Les fournisseurs ordinaires de l'Etat ne peuvent faire partie de la commission du budget. » Cette proposition, inspirée par un double sentiment de délicatesse et d'équité, ne pouvait que recueillir l'approbation de M. Ganivet.

Et nous nous trouvons ainsi ramenés à la question qui, à treize ans de distance, devait être, pour le vaillant député de la Charente, l'objet d'un nouvel et dernier triomphe : celle de l'alcool et des bouilleurs de crû.

La commission du budget voulait, cette année-là, comme elle l'a voulu sans cesse et le voudra longtemps encore, trouver dans un remaniement des taxes budgétaires l'équilibre à jamais compromis de notre système financier. Elle proposait notamment une réforme profonde du régime des boissons.

Affranchissant les vins de toutes espèces de droits, elle remplaçait les recettes, perdues de ce chef, par trois sources empruntées au même objet : la suppression du privilège des bouilleurs de crû, l'augmentation du droit sur l'alcool et la perception à la fabrication.

M. Ganivet s'opposa, et s'opposa éloquemment, à cette triple réforme. Il monta trois fois à la tribune, les 12, 13 et 15 mars ; les deux premières, pour empêcher qu'on discutat isolément la question du privilège des bouilleurs de crû, qu'il n'espérait sauver qu'à la faveur de l'ensemble auquel il se rattachait ; la troisième, pour traiter au fond la question de la surtaxe des alcools et de la perception de l'impôt.

Nous reproduisons *in-extenso,* dans l'Appendice, ce discours, qui fut, ainsi que nous le disions plus haut, son dernier succès et sa dernière parole.

Les paragraphes 3 (surtaxe), 4 (augmentation

du taux des licences) et l'ensemble de l'article 1er furent successivement repoussés. Le ministre dut prendre la parole pour demander l'ajournement de toutes transformations d'impôt.

Jamais victoire ne fut plus éclatante, ni carrière plus dignement couronnée.

Quinze jours, hélas! quinze jours seulement, séparaient ce dernier gage d'amour, cette dernière preuve de dévouement fournie aux intérêts charentais, du deuil cruel que notre département porte encore.

M. Ganivet avait toujours témoigné autant d'insouciance pour ce qui le touchait que de sollicitude pour ce qui touchait les autres. Sa santé n'était, à cet égard, l'objet d'aucune exception.

Et pourtant, le chagrin des dernières années avait miné sa constitution si robuste. Il n'y prenait pas garde, redoublant d'activité, se dépensant en prodigue, cherchant peut-être, dans ces diversions fiévreuses, un repos que la perte de ses plus douces espérances semblait avoir chassé pour jamais. Combien de fois ne fallut-il pas intervenir, pour l'obliger à soigner une indisposition qu'il négligeait comme à plaisir?

« Ni l'âge, dit M. Laroche-Joubert dans l'éloquent adieu qu'il prononça sur sa tombe, ni les fatigues n'avaient pu diminuer ses qualités précieuses. Mais le malheur irréparable, qui était venu, au mois de mai 1884, l'atteindre dans ses plus chères affections, en lui enlevant ce fils unique, si charmant et si distingué, qui nous promettait un continuateur si digne d'un tel devancier, ce malheur avait fait naître en lui un véritable sentiment de mépris du danger.

« N'ayant plus à se ménager pour son fils, il se prodiguait pour ses concitoyens. Cherchant peut-être, dans l'excès de son dévouement, une diversion aux cris de son cœur désolé, il estimait n'avoir jamais fait assez pour ceux qui étaient devenus sa véritable famille. »

C'est, en effet, le jour même où il venait, à la tribune du Parlement, de défendre éloquemment les droits encore une fois menacés de la viticulture charentaise, que le mal saisit sa proie, pour la ravir aux efforts désolés de sa famille et de ses amis.

Un refroidissement le gagna, au sortir du Palais-Bourbon. Il ne voulut pas croire à la gravité du mal, et, refusant de s'aliter, poursuivit ses travaux. Bientôt, cependant, il dut garder la chambre. Une fluxion de poitrine se déclara, l'anxiété s'empara de tous ; sa famille, ses amis, MM. Laroche-Joubert et Arnous en particulier, l'entourèrent de leur sollicitude ; les sommités de la science vinrent à son chevet ; les soins les plus éclairés lui furent prodigués : tout fut inutile. A peine ceux qui l'aimaient eurent-ils la consolation d'avoir adouci ses derniers instants.

Il mourut le 27 mars, à neuf heures du soir, en pleine connaissance et en pleine foi. Rien ne fut plus touchant que le spectacle de la résignation chrétienne et du courage avec lesquels cette âme forte sut accueillir la mort. Pas une plainte ne s'échappa de ses lèvres. On le vit seulement joindre les mains avec véhémence et les élever vers le ciel, en signe de suprême évocation. C'est avec reconnaissance qu'il reçut les sacrements de l'Église ; et, comme madame Ganivet lui présentait à baiser la croix que son cher fils avait baisée en mourant, il avança précipitamment les lèvres et s'éteignit dans cette dernière étreinte.

Nous ne chercherons pas à rendre ici les regrets et la douleur que causèrent sa mort. Il nous souvient encore du sentiment de stupeur, de tristesse, presque de colère, qui accueillit, au matin, la fatale nouvelle que le télégraphe venait de nous transmettre et qui ne tarda pas à se propager de proche en proche.

Nous avons vu des larmes, de vraies larmes, couler sur les visages hâlés des villageois, accourus de tous les points du département pour rendre un suprême hommage à celui qui les avait toujours si énergiquement assistés et défendus. Quel trait plus touchant, pris entre tous, que celui de cet homme, resté inconnu, obligé, peut-être simple admirateur, qui entra, le chapeau d'une main, le bâton de l'autre, dans la chapelle ardente où reposait le corps de son député, et, sur la bière, au milieu de l'amoncellement des bouquets et des couronnes, déposa un modeste pied de violettes, hommage naïf de sa tendresse et de sa foi !

Et les obsèques ! Quelle manifestation imposante ! Quel témoignage spontané de vénération, de sympathie et de popularité. Ce ne fut pas seulement la ville d'Angoulême, qui voulut accompagner à sa dernière demeure l'éminent représentant qu'elle venait de perdre ; ce fut la circonscription, ce fut le département tout entier, qui délégua ses représentants pour former un pieux cortège à la dépouille mortelle de l'un de ses enfants.

Nous ne voulons pas citer de chiffres ; les évaluations de cette nature sont toujours en dessus ou en dessous de la vérité ; dans les deux cas, elles diminuent le caractère de l'acte. Mais nous tenons de plusieurs témoins cette phrase, qui suffit à donner une idée de l'affluence dont notre ville fut envahie, ce jour-là : « Jamais, depuis le voyage du Maréchal (1), nous n'avions vu tant de monde à Angoulême ! »

(1) Voyage du maréchal de Mac-Mahon, en 1877.

La cérémonie d'ailleurs fut imposante à tous les
titres. Le dais, porté à bras par les colons du
défunt, qui l'adoraient, disparaissait sous les fleurs.
Les cordons du poêle étaient tenus par MM. Laroche-
Joubert, Arnous, de Champvallier et Boreau-Lajanadie, députés de la Charente, par MM. Depiot,
bâtonnier de l'ordre des avocats, et Daras, ami de
la famille. Immédiatement derrière le corps,
marchait M. Cuneo d'Ornano, représentant S. A. I.
le prince Victor Napoléon.

Les honneurs militaires étaient rendus au chevalier de la Légion d'honneur par un détachement
du 107e régiment d'infanterie. La Cathédrale, entièrement tendue de noir, regorgeait, pendant l'office,
de toutes les notabilités ecclésiastiques, militaires
et civiles du département. Le clergé était repré-
senté par S. G. Msr l'Évêque d'Angoulême, entouré
de ses grands vicaires, des membres du Chapitre,
des curés, aumôniers et vicaires de plusieurs pa-
roisses ; l'armée, par les généraux de la garnison et
nombre d'officiers de tous grades ; l'élément civil,
par des délégations du conseil général, des conseils
d'arrondissement, du barreau, de la chambre des
avoués et des différents corps constitués de l'Etat ;
la campagne et la ville, par les rangs pressés de ses
enfants, dont la plupart durent attendre, sous le par-
vis, sur la place Saint-Pierre et jusque dans les
rampes, le défilé du cortège se rendant au cimetière.

Quel spectacle inoubliable que celui de cette foule recueillie, massée, sous le meurtrier soleil d'avril, autour d'une tombe entr'ouverte. Partout, à l'extrémité des branches et sur la terre, humide encore de rosée, le renouveau de la nature en éveil éclatait joyeusement. Et, tandis que, dans l'air, montaient les phrases émues de l'oraison funèbre, un frisson gagnait les cœurs, troublait les yeux, obscurcissait jusqu'aux rayons de lumière, tombés d'un ciel sans nuages. Etrange et douloureux contraste, dont l'impression, depuis, nous est revenue bien souvent.

Quatre discours furent entendus dans un religieux silence. M. Laroche-Joubert parla le premier, au nom des députés de la Charente ; M. de Champvallier, que la mort vient, lui aussi, d'emporter en pleine force, au nom du conseil général ; M. Servant, pour le canton d'Hiersac, qu'il devait un peu plus tard, être appelé à représenter au sein de notre assemblée départementale ; M. Boreau-Lajanadie, enfin, comme ami particulier de M. Ganivet et de sa famille.

Bien d'autres éloges devaient se joindre aux paroles sincèrement émues, prononcées, ce jour-là, sur sa tombe. Il n'est pas un de ceux qui l'ont connu, qui n'ait, à son heure, fait le panégyrique conscient ou inconscient, de ses qualités et de ses vertus.

M. Floquet, qui présidait alors la Chambre, avait rendu, le lendemain de sa mort, un précieux témoignage d'estime à sa mémoire.

Voici le texte même de cette allocution, que nous avons tenu d'autant plus à conserver qu'elle émane d'un adversaire politique, dont on ne saurait suspecter les intentions ni les sentiments.

ALLOCUTION DE M. FLOQUET.

« Messieurs et chers collègues,

« J'ai encore à vous faire une communication douloureuse. Il y a à peine deux semaines que, selon ses laborieuses habitudes, notre collègue M. Ganivet prenait une part active à la discussion du budget. Le mal l'a saisi au sortir d'une de nos longues séances. Il a succombé après quelques jours, je pourrais dire après quelques heures.

« M. Ganivet était certainement un des plus solides travailleurs de notre temps. (Très bien ! très bien !) Avocat distingué au barreau d'Angoulême, fonctionnaire de l'administration préfectorale sous le gouvernement précédent, il avait fait une ample provision d'expérience sur toutes les questions d'affaires touchant aux intérêts privés et aux intérêts publics.

« Il a fait profiter de cette science mûrement élaborée les Assemblées dans lesquelles il a siégé comme député depuis 1871. Non seulement il a été un des collaborateurs les plus utiles des plus importantes commissions, mais il a tenu à cette tribune, avec une rare persévérance et un grand talent de discussion, le rang le plus honorable. (Très bien ! très bien !)

« Ce membre fidèle du parti de l'Appel au peuple a été en même temps un parlementaire consommé... (Très bien ! très bien !) scrupuleux observateur de tous ses devoirs de député, attentif à tous nos débats, soucieux du bon ordre de nos délibérations, toujours courtois et même cordial dans nos controverses publiques et dans nos relations personnelles. Il a ainsi honoré un régime, qui n'était pas le sien, et cette Assemblée, qui lui doit un souvenir affectueux et un adieu attristé. (Applaudissements). »

Ces paroles, qui font le plus grand honneur à l'impartialité de M. Floquet, n'étaient d'ailleurs que l'expression du sentiment unanime de la Chambre. Non seulement M. Ganivet entretenait d'affectueuses relations avec ses collègues de l'Appel au peuple et de la Droite, mais il avait la rare bonne fortune d'inspirer à ses adversaires eux-mêmes l'estime et la sympathie qu'engendre la loyauté du caractère.

On peut dire, d'ailleurs, qu'il était universellement apprécié. Sa bonté, sa simplicité, le zèle qu'il mettait au service des malheureux et des faibles, l'entouraient d'un cercle étroit de reconnaissance et de dévouement. Il n'était pas d'infortunes auxquelles il ne s'intéressât ; son nom était inscrit en tête de toutes les œuvres ; nous avons cité la Société de secours mutuels, les Sauveteurs médaillés de la Charente, la Société de charité maternelle, nous pourrions allonger indéfiniment cette liste.

Et, puisque nous venons de nommer la Société de charité maternelle, dont il fut longtemps le secrétaire, rappelons le touchant éloge que, à la réunion du 6 juillet 1888, une voix autorisée crut devoir lui décerner au nom de tous les membres présents :

« La première parole prononcée à l'ouverture de cette séance — la première depuis la mort de M. Ganivet — doit être un témoignage de regret et de reconnaissance à sa mémoire. M. Ganivet a exercé les fonctions de secrétaire-trésorier de la Société, pendant près de vingt-quatre ans, avec ce zèle et cette autorité qu'il apportait dans toutes les fonctions, dans tous les mandats dont il était chargé. Dans notre Société, comme partout, sa mort a laissé un vide sensible. »

Un vide, un vide partout, vide pour ceux dont

il était la consolation, vide pour ceux dont il était le défenseur et le soutien, vide pour ses amis, vide pour nos assemblées, vide pour notre parti. Tel est bien le sentiment qui survécut, avec sa mémoire, à la perte douloureuse de son expérience, de son talent et de son zèle.

Ce sentiment, nous le retrouvons dans tous les discours, dans tous les hommages, sous toutes les plumes, sur toutes les lèvres.

Il n'est pas jusqu'au prince exilé, dont M. Ganivet avait si vaillamment soutenu la cause et le nom, qui, au premier écho de la fatale nouvelle, n'ait tenu à honneur d'exprimer, lui-même, à la veuve du vaillant défenseur qu'il venait de perdre, l'impression profonde qu'il en ressentait.

Voici la lettre que, le 28 mars, le lendemain de la mort, S. A. I. le prince Victor Napoléon adressait à madame Ganivet.

LETTRE DE S. A. I. LE PRINCE VICTOR NAPOLÉON.

« Bruxelles, 28 mars 1888.

« Madame,

« Le malheur qui vous frappe m'atteint profondément. La cause de l'Empire a perdu un de ses plus fidèles défenseurs. Le dévouement de M. Ganivet ne s'était pas démenti depuis dix-huit ans.

J'appréciais les services qu'il ne cessait de rendre et j'avais pour lui une estime toute particulière.

« Croyez, madame, à mes meilleurs sentiments.

« VICTOR NAPOLÉON. »

Il ne nous reste rien à ajouter.

Si incomplètes que soient ces pages, elles suffiront à faire revivre, pour ceux qui l'ont connu, l'homme éminent et bon, dont nul n'a perdu le souvenir.

Pour les autres, elles évoqueront l'image d'un travailleur, d'un érudit, d'un consciencieux, d'un homme fidèle à ses principes, à ses convictions et à ses devoirs.

Pour tous, elles consacreront la mémoire d'un homme de bien.

FIN.

APPENDICE

*Sous le titre d'*APPENDICE, *nous avons tenu à réunir, dans les pages suivantes, le texte officiel de quelques-uns des discours dont nous avons, au cours de cette notice, donné l'analyse trop succincte.*

Le choix en a été difficile. L'œuvre est si touffue qu'un élagage, même sévère, eût laissé subsister encore la matière de plusieurs volumes.

C'est une sélection que nous avons dû opérer. Non pas que notre prétention soit d'avoir indiqué les meilleurs morceaux : nous eussions reculé devant une telle responsabilité. Mais, du moins, avons-nous cherché, dans chaque genre, un type susceptible de donner un aperçu des aptitudes diverses, qui faisaient de M. Ganivet un orateur, dans la simplicité et la force du terme.

Puisse le lecteur trouver que nous avons réussi.

APPENDICE

N° **1.**

CONCOURS RÉGIONAL D'ANGOULÊME
(Mai 1861).

Discours prononcé par M. ALBAN GANIVET,
*conseiller de préfecture, préfet de la Charente
par intérim.*

MESSIEURS,

Nous assistons à un concours et à des fêtes agricoles,
dont la splendeur est un éclatant témoignage de la
direction de l'esprit public vers les travaux de l'agriculture, et nous sommes heureux de constater que ces
grandes assises de la production nationale nous mon-
trent, encore cette année, la trace d'un pas nouveau dans la voie du véritable progrès.

Nous voyons, en effet, dans cette vaste enceinte,
d'admirables types des plus belles et des meilleures
races d'animaux domestiques, ces indispensables

compagnons du travail des cultivateurs; des instruments ingénieux, destinés à suppléer et à soulager les fatigues du travail, et des produits dont la supériorité accuse le perfectionnement des cultures. Certes, si, en présence de cette belle exposition, nous reportons nos souvenirs seulement à quelques années en arrière, nous serons obligés de reconnaître, en nous rappelant l'exiguité du concours des comices locaux, les seules associations d'encouragement que nous possédions alors, qu'une distance immense nous sépare déjà de ce temps si rapproché.

La cause de ces progrès sensibles et rapides ne saurait échapper à aucune intelligence. La France, entre toutes les nations, a reçu de la Providence, qui la protège, un territoire heureusement doté au point de vue de sa climature et de sa fertilité; elle trouve dans ses limites naturelles tous les produits utiles à son existence, à son commerce, à son industrie ; pouvant se suffire à elle-même, elle ne peut se dispenser d'être agricole. Ses habitants, qui veulent que leur patrie soit toujours grande et puissante, comprennent que l'agriculture marque, par sa prospérité, la grandeur des nations, et que, par sa décadence, elle donne le signal de leur chute; aussi, resteront-ils toujours attachés au soc de sa charrue. C'est une loi de leur patriotisme et une conséquence de leur énergie nationale.

Cependant, messieurs, l'agriculture ne peut donner satisfaction à tous les besoins d'une nation aussi grande que la nôtre ; elle serait même condamnée au

dépérissement si ses produits n'étaient employés par
le commerce et l'industrie, et c'est par un équilibre
nécessaire entre ces diverses sources de la richesse
publique que l'État peut procurer à ses populations
l'abondance et le bien-être utiles à leur existence. Il y
a entre ces deux puissants intérêts, agriculture et industrie, une affinité, qui les rend inséparables, et qui
ne permet pas que l'une se développe au préjudice de
l'autre, sans compromettre la sécurité du pays.

Aussi, est-il du devoir du gouvernement de donner
à l'une et à l'autre une égale protection, afin de conserver l'harmonie indispensable entre la production et la
consommation. Cette surveillance, cette action du
gouvernement sur les deux grandes branches de notre
prospérité est surtout essentielle en France, où l'esprit
public veut toujours recevoir l'impulsion de l'autorité
et où l'on croit trop souvent apercevoir une lutte,
imaginaire à notre époque, entre l'industrie et l'agriculture. Non, messieurs, cette lutte n'existe pas et elle
n'existera pas, car le gouvernement de l'Empereur,
si attaché aux intérêts de la nation, est trop juste pour
ne pas faire une répartition égale et bienfaisante de
ses faveurs et de ses encouragements. L'expérience
que nous ont transmise les siècles précédents lui a
tracé sa règle de conduite.

On a vu, en effet, la France soumise à deux cou-
rants d'idées divers dans le développement de sa production industrielle et agricole. Au commencement
du XVIIe siècle, un ministre célèbre, Sully, trouvait,
en arrivant au pouvoir, le territoire français inculte

dans sa plus grande partie, conséquence des dissensions intestines, qui avaient tourmenté et ensanglanté le pays. Sa première pensée fut de ramener les populations à la culture du sol.

Il ne songea qu'à faire un peuple de cultivateurs. Sa protection, ses encouragements ne se portèrent que sur les laboureurs, et, avec l'aide d'Ollivier de Serres, il parvint à rétablir l'agriculture.

Mais, messieurs, il fallait, pour compléter l'œuvre, ne pas s'arrêter à ce résultat. La nation se trouvait tributaire des autres pays, avec lesquels elle était obligée de faire l'échange de ses produits de la terre pour obtenir les produits des manufactures. Cette situation, effet d'un système qui avait rendu des services, mais qui avait le tort d'être exclusif, devait céder la place, vers la fin du siècle, à un régime contraire.

Un ministre non moins célèbre, Colbert, comprit qu'il fallait créer une industrie nationale, nourrie par l'agriculture, afin de soustraire la France aux tributs qu'elle payait à l'industrie étrangère. Il fit alors pour l'industrie ce que Sully avait fait pour l'agriculture ; il lui prodigua les encouragements, il la développa. Il en devint le créateur. Mais, comme Sully, il tomba dans un système trop exclusif, et, l'équilibre étant rompu, l'agriculture eut à souffrir des faveurs décernées à l'industrie.

C'est sous l'influence de cette succession d'idées contradictoires que l'agriculture traversait le xviiie siècle, luttant avec son alliée, transformée en rivale. D'un autre côté, entravées l'une et l'autre par une législation restrictive, elles ne pouvaient rompre leurs liens, ni se développer sans l'intervention du gouvernement.

Les conquêtes de notre droit public, en 1789, donnèrent à l'industrie et à l'agriculture de nouveaux principes de liberté, qui, en leur imprimant un nouvel essor, semblaient leur donner la force de progresser sans l'intervention du pouvoir.

Une législation, née de ce nouveau droit public, législation dont les textes passeront à la postérité comme l'un des plus grands monuments de gloire du génie moderne, qui, en sauvant la France des désordres inséparables d'une rénovation sociale, nous a donné la grandeur nationale, constitua la propriété sur de nouvelles bases, attachant à la terre les bras qui la cultivent et forçant, par la division des héritages, l'agriculture à donner des preuves de sa puissance.

Cependant, messieurs, l'industrie, excitée chaque jour par les découvertes de la science, demandait encore les encouragements auxquels elle avait été habituée. Elle provoquait et obtenait entre ses différentes branches des luttes d'émulation, des expositions où l'autorité décernait des primes aux plus habiles industriels. C'était, comme l'expérience l'a prouvé, un moyen efficace pour assurer la marche du progrès. En effet, ces expositions, commencées en l'an VI avec le nombre modeste de 110 concurrents, se sont successivement accrues, et nous ont présenté, en 1855, un chiffre de 20,000 concurrents.

Certes, ce développement industriel, si complet dans une période de temps qui ne dépasse guère un demi-siècle, n'avait pu se produire sans que l'agriculture n'en ressentit des effets salutaires. Les manufactures ne vivent, en effet, que des produits du sol. Mais il était permis de craindre que les séductions de la vie industrielle ne portassent le désordre dans les habitudes de la vie champêtre. Il était alors du devoir de l'Etat de donner à l'agriculture les mêmes encouragements qu'à l'industrie, car, liées l'une à l'autre, elles doivent être également protégées.

On sentit la nécessité de créer des expositions agricoles; mais une idée, quel que soit son degré d'utilité, est longtemps soumise à l'essai avant de pénétrer dans le domaine de la législation. Des comices locaux furent autorisés par le gouvernement et commencèrent à propager les bonnes doctrines; leur insuffisance ne tarda pas à être signalée et reconnue, et il devenait nécessaire que le gouvernement imposât son autorité pour donner à notre agriculture l'impulsion que l'industrie avait précédemment reçue.

Il appartenait, messieurs, à l'Empereur, au souverain que la France agricole a choisi, de faire cette égale répartition d'encouragement, et de créer nos concours régionaux. C'est l'Empereur qui a créé ces grandes fêtes, où chacun vient étudier les moyens d'améliorer le sol qu'il cultive; grâce aux larges gratifications qu'il a accordées à nos concours, nous admirons aujourd'hui ces types nombreux des plus belles races d'animaux, ces machines ingénieuses et variées qui viennent en aide aux forces du travailleur. Aujourd'hui l'agriculture et l'industrie ont leurs expositions, qui les contraignent de se prêter une mutuelle assistance ; également encouragées, elles ne peuvent plus lutter entre elles.

L'Empereur, messieurs, veut que la France, qui vient encore de promener son drapeau victorieux depuis ses frontières jusqu'à l'Extrême-Orient, soit aussi riche au dedans qu'elle est puissante au dehors. Après avoir dégrevé la propriété de 17 millions d'impôts, il lui a accordé des encouragements en favorisant les établissements de crédit foncier, les améliorations du sol par le drainage. Développant partout nos voies de communication, il a mis la vapeur, cette puissance moderne, au service de l'agriculture ; il a provoqué partout l'emploi des machines et des instruments perfectionnés, contraignant ainsi l'industrie à rendre à nos champs les bras qu'elle leur enlève.

Ne se bornant pas à des encouragements officiels, l'Empereur a voulu aussi donner, par d'éclatantes expériences, l'exemple du progrès agricole ; dans des domaines particuliers, il a créé des exploitations qui, au milieu de contrées pauvres et paraissant déshéritées de la fertilité naturelle, présentent aux populations des modèles aussi salutaires que productifs.

Nous voyons aujourd'hui, messieurs, les effets de cette haute et bienfaisante impulsion ; notre concours nous apporte la preuve d'un progrès qui doit marcher encore ; suivons tous ce mouvement. Nous travaillerons pour la prospérité de la France, et nous seconderons la politique patriotique de l'Empereur. Vive l'Empereur !

N° 2.

MÊME CONCOURS.

Toast porté au banquet par M. ALBAN GANIVET,
remplaçant le préfet.

MESSIEURS,

J'ai l'honneur de porter un toast à l'Empereur. A l'Empereur! qui nous a donné la sécurité et le repos, sans lesquels notre agriculture n'aurait pu se développer.

A l'Empereur! qui, après avoir ajouté de glorieuses victoires à la longue liste de nos vieilles gloires, a su rendre à leurs champs les bras de ses valeureux soldats.

A l'Impératrice! si digne, par son noble caractère et par sa bienfaisance infatigable, de partager avec l'Empereur l'affection du peuple.

Au Prince Impérial! à ce prince de l'avenir, qui trouvera dans nos enfants le dévouement que nous avons pour son père.

A l'Empereur! A l'Impératrice! Au Prince Impérial!

N° 3.

ASSEMBLÉE NATIONALE.

Discours prononcé par M. Ganivet, *à la séance du 5 septembre 1871, sur la classification des papiers soumis au droit de fabrication.*

—

M. Ganivet. — Messieurs, l'amendement que j'ai l'honneur de présenter à l'Assemblée, sur l'article 37 du projet de loi relatif à l'impôt à établir sur le papier, a pour objet de substituer une classification nouvelle à celle qui a été proposée par la commission.

La commission me paraît s'être préoccupée, dans la classification à adopter et dans la fixation du tarif de l'impôt, des dénominations données par le commerce dans la vente des papiers; or, comme l'impôt doit porter — et c'est là le titre qui lui a été donné — sur la fabrication, il m'a semblé beaucoup plus rationnel de faire une classification conforme à la nature des papiers, c'est-à-dire à leur fabrication, qui se distingue par les diverses pâtes à l'aide desquelles on le produit.

La question est importante, messieurs, car, on a déjà eu l'occasion de vous le dire, dans la séance de samedi, la fabrication des papiers a pris, surtout depuis quelques années, une extension très considérable. La commission l'a ainsi reconnu dans son rapport, en déclarant que la consommation en est de plus en plus usuelle et que la conséquence à en tirer est que le papier offre une large base à l'assiette de l'impôt.

Je le reconnais avec la commission ; mais si le papier offre cette large base, il y aurait imprudence à en abuser, car, du moment qu'on veut créer un impôt nouveau, il importe de ne pas ralentir la consommation du produit à imposer, alors surtout que ce produit sert, non seulement comme objet de consommation proprement dite, mais encore comme matière première à différentes industries.

Si je jette les yeux sur la classification proposée par la commission, je vois que les papiers, au point de vue de l'impôt à établir, ont été divisés en trois classes.

Dans la première, on a compris le papier de soie, le papier pelure, le papier parchemin et, en outre, le papier à lettre de toute espèce. Cette première classe est frappée d'un impôt de 15 fr. par 100 kilogrammes.

Si maintenant je regarde quelles sont les espèces de papier comprises dans la seconde classe, qu'on grève d'un impôt de 10 francs par 100 kilogrammes, j'y vois le papier à écrire, le papier à imprimer, le papier à dessiner, etc.

En comparant ces deux classes de papiers, on serait tenté de croire que, dans la pensée de la commission, il doit y avoir une distinction entre le papier à lettre et le papier à écrire ou à imprimer. Si telle a été la pensée de la commission, il y a là une erreur, qu'il importe de rectifier dans l'esprit de l'Assemblée.

Il ne faut pas croire, en effet, qu'on fabrique spécialement des papiers à lettre et distinctivement des papiers à écrire. Pour ceux qui connaissent les opérations de la papeterie, il est certain que le papier à lettre et le papier à écrire ne forment qu'un seul et même produit, composé de la même pâte, constitué des mêmes éléments et fait simultanément.

D'où vient la différence ? La différence n'est pas dans la fabrication ; elle est dans la façon qui est donnée par le commerce, par la machine à couper, au papier destiné à la correspondance.

Or, puisqu'il s'agit d'une taxe qui doit être perçue dans la fabrique, je demande comment il serait possible de distinguer, dans cette fabrique, le papier à lettre atteint par l'impôt de 15 francs et le papier à écrire atteint par l'impôt de 10 francs, alors qu'il est incontestable que c'est un seul et même papier, auquel une forme différente est donnée, non par le fabricant, mais par le marchand.

Il arrive bien, en fait, que, dans certaines fabriques, à l'aide de machines coupeuses, on dispose le papier suivant les divers formats exigés par la correspondance. Mais si vous arrivez à établir l'impôt, tel qu'il est tarifé par la commission, vous frapperez, non la fabrication, mais le façonnage commercial, ce qui est contraire au principe même de l'impôt. J'ajoute qu'il sera bien facile aux fabricants de se soustraire à la taxe de 15 fr. appliquée au papier à lettre pour ne payer que celle de 10 fr. proposée pour le papier à écrire. En effet, le papier sortira de la fabrique dans un format de grande dimension, et il sera livré au marchand, qui le coupera et le façonnera suivant le goût de sa clientèle, en lui donnant les formats usités pour la correspondance.

Un membre. Le papier glacé ne peut pas être de la même nature, de la même pâte que le papier ordinaire.

M. Ganivet. On me fait observer que tous les papiers ne peuvent pas être de la même nature. Je répondrai à mon honorable collègue qu'il est dans l'erreur : le papier est fait avec les mêmes éléments, avec la même pâte et si on veut à ce sujet, que j'entre dans quelques détails pratiques... (non, non) je reconnais que c'est inutile : tout le monde sait que c'est la même feuille de papier à lettre, qu'il soit glacé ou qu'il ne le soit pas.

Je dis donc que, dans la classification de la commission, il y a une erreur ; qu'elle confond la fabrication et le façonnage commercial. L'impôt, tel qu'il est proposé, atteint des proportions considérables, et, dans l'amendement que j'ai déposé, je demande un tarif moindre, que je désire justifier devant l'assemblée.

Lorsque le gouvernement a proposé l'impôt sur le papier, il nous a annoncé que son intention était d'atteindre ce produit dans la proportion de 12 0/0 de sa valeur. C'était une proportion considérable ; augmenter de 12 0/0 une marchandise, qui est si généralement consommée, ce serait grever la consommation de manière à en arrêter le développement. La commission n'a pas voulu donner la même quotité de 12 0/0 ; elle a indiqué la proportion de 10 0/0.

Il y a erreur, et dans les appréciations du gouvernement et dans celles de la commission.

Comment, en effet, a-t-on cherché à justifier ce rapport de 10 ou de 12 0/0 ? On a voulu établir le prix moyen du papier à la fabrication, et je remarque que, de la part du gouvernement et de la commission, on a posé en principe que la valeur moyenne du papier était de 100 fr. les 100 kilogrammes.

Sur quels éléments s'est-on fondé pour établir ce prix moyen ? Le gouvernement n'avait aucune donnée, puisque jamais le papier n'a été imposé à la fabrication. La commission n'avait pas plus de renseignements, et, pour former ce prix moyen, on a été obligé de s'adresser au syndicat de la papeterie, qui n'a pas refusé au gouvernement et à la commission, les documents nécessaires pour déterminer ce prix moyen.

Il y a cependant un désaccord considérable entre les évaluations de la papeterie et les évaluations du gouvernement. La papeterie a soutenu et offert de démontrer que le prix moyen était de 76 fr., de telle sorte que l'impôt proposé au lieu d'être dans le rapport de 10 0/0 se trouverait dans un rapport de 14 ou 15 0/0 ; c'est-à-dire qu'il viendrait aggraver d'une manière considérable les charges de la fabrication.

Raisonnons cependant sur le chiffre adopté par la commission, et nous allons voir à quels résultats on arrivera, quand on appliquera le tarif qu'elle propose aux produits à imposer.

Je lis, par exemple, dans le rapport de la commission, à la page 31, que le prix des papiers varie à l'infini, qu'il est de 80 à 260 fr. les 100 kilogrammes pour les papiers à écrire et les papiers à imprimer.

Savez-vous, avec un impôt de 10 fr., quel est le rapport, relativement à ces valeurs ? Pour les papiers à imprimer valant 80 fr., c'est 12 1/2 0/0 de la valeur. Pour le papier valant 260 fr., c'est 3 1/2 0/0 de la valeur. Pour les papiers d'emballage et de tentures, la commission constate que leur prix varie de 30 fr. à 100 fr. et elle les taxe à 5 fr., ce qui fait, pour les papiers de 30 fr., un impôt de 16 1/2 0/0, et pour les papiers de 100 fr., un impôt de 5 0/0, d'où la conséquence que l'impôt devient d'autant plus cher que le papier est d'un usage plus général et qu'il représente une moindre valeur.

C'est là un résultat contraire à tous les principes en matière d'impôts. N'est-il pas évident qu'on doit imposer une marchandise d'autant plus qu'elle satisfait aux usages du luxe, et la dégrever d'autant plus qu'elle satisfait aux besoins les plus essentiels ?

La classification que je propose est bien différente : dans la première classe seraient les papiers soie, pelure, les papiers à photographie, les papiers parchemin, qui ont une valeur moyenne de 200 francs au moins les 100 kilogrammes ; je demande pour eux un impôt de 15 francs les 100 kilogrammes, ce qui représenterait une quotité proportionnelle de 8 0/0.

Pour les papiers satinés à écrire, à imprimer, à dessiner, les papiers à registres, qui représentent une valeur moyenne de 130 francs, je demande un impôt de 10 francs ce qui ferait 7 0/0 de leur valeur.

Pour la troisième catégorie, qui comprend le papier servant à l'enseignement primaire, les papiers dits papier écolier, les papiers à journaux et autres, composés avec des pâtes inférieures, je propose un impôt de 5 fr. qui représente 5 0/0 de leur valeur.

Enfin pour la dernière classe, les papiers d'emballage, les cartons, dont la valeur moyenne s'abaisse jusqu'à 40 francs, je demande un impôt de 2 fr. 50 cent., ce qui représente une proportion de 4 à 5 0/0.

Remarquez-le, messieurs, dans le projet de la commission, les cartons, qui représentent une grande quantité au point de vue de la fabrication, sont imposés à raison de 5 francs par 100 kilogrammes.

Savez-vous ce que le carton vaut ? Dans la fabrique, il se vend environ 25 francs les 100 kilogrammes.

De sorte que voilà une marchandise vulgaire, une marchandise, dont l'usage général est imposé à tout le commerce, et qui serait grevée dans la proportion de 20 0/0 de sa valeur. Je ne crois pas que ce soit là de bonnes conditions pour un impôt. Il est même à remarquer que beaucoup de cartons sont fabriqués avec de vieux papiers, qui auraient déjà payé un premier impôt.

Le tarif, tel que je le propose, donnerait un résultat aussi considérable au point de vue de la recette.

Si j'examine en effet les qualités de chaque fabrication, je constate, avec les renseignements fournis par le syndicat de la papeterie, qui seul les possède, que les papiers de la première classe donnent chaque année une quantité de 10 millions de kilogrammes,

qui, à raison de 15 francs, représentent 1,500,000 francs ;
les papiers de la deuxième classe 40 millions de kilogrammes, qui, à raison de 10 francs, produiront
4 millions; les papiers de la troisième classe 60 millions
de kilogrammes, qui, à raison de 5 francs, produiront
3 millions, et la quatrième classe 70 millions de kilogrammes, qui, à raison de 2 fr. 50 cent., produiront
1,750,000 francs. Total de la fabrication : 180 millions de
kilogrammes ; total de la recette : 10,250,000 francs.

Si je ne me trompe, nous nous trouvons là en présence des évaluations données par le gouvernement,
quant à la recette qu'il veut se procurer.

Du moment où cette classification a pour résultat de
proportionner l'impôt à la valeur et à la nature de la
chose fabriquée, je crois qu'il est juste de l'accepter,
de préférence à une classification qui ne repose que
sur des usages commerciaux et qui est tout à fait
étrangère aux habitudes des fabriques, dans lesquelles
l'impôt devra être perçu.

Voilà l'objet principal de l'amendement.

A la suite de cette classification, il y a deux dispositions très importantes, formulées dans l'amendement.

Il existe actuellement une grande quantité de papiers
fabriqués et non expédiés aux acheteurs. Cette accumulation de marchandises a été le résultat des événements que nous traversons depuis un an.

D'une part, pendant la guerre, le papier fabriqué
n'a pu être vendu ; et, depuis la paix, il n'a pu être
expédié, parce que les moyens de transport manquaient. Vont-ils être atteints par l'impôt nouveau ?

Je demande pour eux l'exception que vous avez déjà accordée en ce qui touche les sucres.

Vous n'avez pas fait porter la nouvelle taxe sur les sucres qui, quoique vendus, n'avaient pas été expédiés antérieurement à l'impôt, je demande la même faveur pour les papiers actuellement fabriqués, que l'on ne pourrait imposer sans obliger les fabricants à supporter une perte considérable; car des ventes, qui n'ont pas été suivies de livraisons, ont été faites en l'absence de tout impôt.

En second lieu, je propose que M. le ministre des finances soit autorisé à consentir un abonnement avec les fabricants. Il y aurait là économie dans les frais de perception, simplification dans cette perception elle-même, et je crois que, tout à la fois, l'Etat y trouverait son avantage et la fabrique des facilités.

Je ne suppose pas que, sur ce terrain, destiné à faciliter ainsi l'action du gouvernement, M. le ministre des finances vienne contester notre amendement.

Je n'insisterai donc pas davantage, me bornant à rappeler, une dernière fois, à l'Assemblée qu'il s'agit d'un impôt nouveau qui doit porter sur la fabrication, et que dès lors, il est indispensable de le proportionner à la valeur de cette fabrication, et non à la valeur que le façonnage commercial vient donner ultérieurement au papier, sans modifier sa nature. (Applaudissements sur un très grand nombre de bancs).

Nº 4.

ASSEMBLÉE NATIONALE.

Discours prononcé par M. GANIVET, *à la séance du 11 décembre 1875, en vue d'obtenir l'abrogation de la loi de 1872 sur les bouilleurs de crû.*

M. GANIVET. — Messieurs, le contre-projet que j'ai présenté avec mon honorable collègue, M. André, n'est que la reproduction, sous une autre forme, de la proposition que nous avions primitivement déposée avec mes honorables collègues de la Charente, et avec MM. Leprovost de Launay, Arthur Legrand et autres, et je dois expliquer à l'Assemblée pourquoi nous avons cru devoir en modifier la rédaction.

En examinant plus attentivement la question de la loi sur les bouilleurs de crû, qui est actuellement soumise à vos délibérations, nous avons reconnu que dans les termes de notre proposition il pouvait y avoir quelque ambiguité. Nous avions, en effet, demandé l'abrogation complète de la loi du 2 août 1872, parce que, dans notre pensée, cette loi du 2 août 1872 se résumait dans les mesures applicables aux bouilleurs de crû ; mais cette loi contient en outre certaines dispositions qui peuvent être utiles à l'administration des contributions indirectes, et dont il n'entrait pas dans notre pensée de demander l'abrogation.

Nous avons donc modifié notre première rédaction; pourquoi? Pour demander seulement la suppression des deux mesures applicables aux bouilleurs de crû, qui soulèvent les plaintes les plus légitimes et qui pèsent de la manière la plus fàcheuse sur les pays viticoles.

Nous demandons, par ce contre-projet, que les propriétaires bouilleurs de crû soient affranchis de l'obligation de faire ces déclarations préalables multiples, dont on vous a déjà signalé les inconvénients dans la discussion générale, et nous demandons, en même temps, qu'ils soient affranchis de cet exercice odieux et vexatoire, qui provoque dans toute la France les plus justes réclamations.

Voilà ce que nous demandons, voilà l'esprit de notre proposition et le point essentiel sur lequel la loi des bouilleurs de crû doit être abrogée. Je crois qu'à cet égard, je suis d'accord avec nos honorables collègues qui défendent la même cause que moi. (Marques d'assentiment.)

Notre proposition soulève donc la question de savoir ce que vaut cette législation sur les bouilleurs de crû, quels en sont les inconvénients, quels en sont les résultats. On vous a déjà signalé un certain nombre de ses vices; mais on n'a pas encore tout dit sur cette importante question, il restera encore beaucoup à dire après moi, et cela d'autant mieux que, jusqu'à ce moment, les objections du gouvernement et celles de la commission ne se sont pas encore produites à la tribune.

Nous avons attaqué la loi des bouilleurs de crû à trois points de vue. Nous en avons demandé l'abrogation parce qu'elle porte atteinte au droit de propriété, nous en avons demandé l'abrogation parce qu'elle porte atteinte en même temps au domicile et à la considération du propriétaire. Et enfin, nous plaçant au point de vue de l'esprit de fiscalité qui a inspiré cette loi, nous en avons demandé l'abrogation, parce qu'elle a été complètement improductive au point de vue des finances de l'Etat.

M. Leurent. — Il faudra faire la preuve de tout cela !

M. Ganivet. — Je n'ai pas à insister longuement sur les deux premiers points ; tout le monde ici comprend ce qu'il y a d'attentatoire à la propriété dans une loi qui vient interdire au propriétaire le droit de disposer, dans son domicile, à son gré, des récoltes qu'il a amassées...

M. Beaucarne-Leroux. — C'est ce qui a lieu dans le Nord !

M. Ganivet. — On me dit que c'est ce qui a lieu dans le Nord ; nous nous expliquerons là-dessus, s'il le faut. Mais, si cela a lieu dans le Nord, ce n'est que depuis peu de temps, et je ne sais jusqu'à quel point on peut comparer les situations, car, ce que vous avez, ce sont des distilleries industrielles établies depuis environ vingt-cinq ou trente ans.

M. Baucarne-Leroux. — Nous avons des cultivateurs distillateurs.

M. Ganivet. — Ce que nous avons, dans nos pays vinicoles, ce ne sont pas des industries, ce n'est pas une création nouvelle : c'est un droit qui a pris naissance en même temps que la propriété elle-même. (Très bien ! très bien !)

Un membre au centre. — Toute la question est là !

M. Ganivet. — Quand nous distillons nos vins, nous ne faisons que donner une dernière façon à nos produits. Au contraire, quand vous faites de l'alcool avec vos betteraves, vous distillez des récoltes qui sont parfaites.

M. de Tillancourt. — Nous ne demandons que l'égalité.

M. Ganivet. — Mais si, depuis quelques années, il y a un certain nombre de distilleries spécialement agricoles attachées aux fermes, c'est là un fait exceptionnel, qui a pris naissance à une époque où la législation soumettait toutes les distilleries de betteraves à un même régime de surveillance et d'exercice ; nous n'avons jamais été dans ces conditions, il y a entre nous une différence énorme. Et croyez-vous que je voudrais m'opposer à la distillation libre de vos produits purement agricoles, si cela était possible ?

M. Jules Brame. — C'est l'objet de notre amendement.

M. Ganivet. — Soyez sûrs que les principes d'égalité que vous invoquiez tout à l'heure sont tellement dans mon cœur, que je ne refuserais pas cette liberté, si elle était possible sans entraîner de graves dangers pour le Trésor. Mais il y a une raison qui vous empêche d'obtenir cette même liberté. Remarquez une chose, messieurs, c'est que si nous, nous distillons des vins, ce sont des produits qui ne jouissent pas de la libre circulation sur les routes ; vous savez que le vin ne peut voyager d'une ferme à l'autre qu'accompagné d'un congé, d'un acquit-à-caution. De sorte que, quand le vin sort de chez le propriétaire, l'administration le sait ; tandis que, pour vous, c'est impossible.

Les betteraves se rentrent dans les fermes pour être consommées sous diverses formes, et dans vos distilleries agricoles vous pourriez introduire la distillation industrielle en échappant à toute espèce de surveillance.

Voilà ce que je pourrais vous répondre.

Je dis que tout le monde ici doit reconnaître avec moi qu'il y a dans la législation sur les bouilleurs de crû une atteinte au droit de propriété. Le propriétaire amassant par son travail des récoltes doit avoir le droit d'en disposer comme bon lui semble, sans que l'Etat ait le droit de lui en demander aucun compte ; autrement le droit de propriété, dont je n'ai pas besoin de répéter ici la définition, n'existerait pas. (C'est vrai ! Très bien !)

Et vous voulez, en présence d'un droit aussi absolu que celui-ci, dire au propriétaire qu'il n'aura pas le droit de transformer son vin, de le faire bouillir, passez-moi l'expression, dans son domicile, pour le réduire en un plus petit volume, c'est-à-dire en alcool, alors qu'il aurait le droit de le dissiper, de le jeter dehors ? C'est là une injustice, c'est là une violation du droit de propriété auquel nous devons tous le respect.

M. Jules Brame. — Et le tabac.

M. Ganivet. — Et encore, au moyen de ces principes de fiscalité, vous avez été plus loin : vous avez voulu limiter la consommation des propriétaires. Vous avez été leur dire : Vous êtes propriétaires de votre alcool, mais vous ne pourrez le consommer en toute liberté que jusqu'à concurrence de 20 litres. Voilà la prétention, voilà du moins ce qui est écrit dans la loi. Eh ! bien, je dis que dans ces conditions une loi est véritablement odieuse, parce qu'elle est contraire au principe auquel nous sommes tous le plus attachés : celui de la propriété.

M. Leurent. — Mais, c'est ainsi, dans les brasseries du Nord !

M. Ganivet. — Ne parlons pas des brasseries, mon cher collègue ; elles ne sont pas comprises dans la question actuelle, elles n'ont rien à y voir ; ce n'est pas une production agricole que vous y obtenez. Dans les brasseries, vous vous livrez à une transformation de produits divers, qui est essentiellement industrielle. Je vous ferai aussi remarquer que l'impôt qui atteint la fabrication de la bière n'est pas le même que celui qui atteint les alcools. Pour les bières, c'est un impôt à la fabrication ; pour les alcools, c'est un impôt de la consommation. La différence est grande. (C'est vrai ! c'est vrai !) Restons sur le terrain des bouilleurs de crû.

Chez le propriétaire, il y a ce domicile, dans lequel l'employé de la régie peut pénétrer et où, dans le fait, il pénètre à toute heure, afin de s'y livrer aux perquisitions les plus minutieuses, à des recherches de tous les instants, à l'aide desquelles on relève des contraventions, je ne dirai pas constituant des fraudes, mais des contraventions auxquelles l'homme le plus soigneux de ses intérêts, le plus exact dans l'observation de la loi, ne peut jamais se soustraire. Adressez-vous à un propriétaire, quel qu'il soit, dans les pays vinicoles, demandez-lui s'il n'est jamais en contravention ; informez-vous même près des employés de l'administration : tous vous diront que les contraventions sont inévitables, qu'elles existent fatalement et sans qu'il y ait fraude commise. Il ne se passe pas de jour où nous ne recevions tous des plaintes et des réclamations. Ce matin encore, je recevais un procès-verbal constatant qu'un propriétaire, au milieu de ses travaux, venait d'être troublé par la visite d'un agent de la régie, qui le trouvait en contravention à défaut des déclarations minutieuses qu'il n'avait pas eu le temps de faire. Voilà ce qui arrive, un trouble continuel dans la propriété.

Et si je vous signalais la manière dont la loi est appliquée, si je vous rendais compte de tous les faits qui ont été portés à ma connaissance et dont j'ai été témoin, vraiment, messieurs, vous seriez tous indignés de la façon dont on applique cette loi.

Au moment où elle a été présentée, il me souvient encore qu'à cette tribune, l'honorable ministre des finances, qui en était l'auteur, nous disait : Rassurez-vous ! Vous craignez des visites vexatoires, vous craignez que la famille soit inquiétée dans son domicile, que la propriété soit persécutée ! Rassurez-vous ! Nous y apporterons la plus grande bienveillance ; nous ne confondrons pas les propriétaires honnêtes avec les fraudeurs de profession ; nous serons pour eux aussi bienveillants que possible.

Voulez-vous, messieurs, que je vous cite un exemple de cette bienveillance ? Un seul, il sera caractéristique, il suffira, car je ne voudrais pas abuser de la patience de l'Assemblée.

Un propriétaire du département de la Charente est victime d'un vol ; on dérobe chez lui une certaine quantité d'eau-de-vie. Plainte est portée ; le voleur est saisi, poursuivi devant la cour d'assises et condamné. Les employés de la régie viennent, quelques jours après, chez ce propriétaire ; on constate un manquant dans les alcools qu'il doit avoir chez lui ; le manquant est égal à la quantité d'eau-de-vie qui lui a été volée et pour laquelle le coupable a été condamné. Procès-verbal est dressé, on réclame à ce propriétaire le paiement des droits et une amende sur le manquant résultant du vol. Il s'adresse à l'administration des contributions indirectes et il lui réclame, à raison de sa bonne foi, à raison surtout du fait dont il a été victime, la décharge de l'amende prononcée contre lui.

Je ne dirai pas qu'il n'a pas obtenu le remboursement qu'il demandait...

M. Léon Say, *ministre des finances.* — Car il l'a obtenu !

M. Ganivet. — Oui, monsieur le ministre, il l'a

obtenu, mais après huit mois de réclamations, — ou plutôt, ses héritiers l'on obtenu, car il était décédé, — après une quantité considérable de démarches faites auprès de l'administration, et c'est une véritable grâce qu'on a accordée que de ne pas réclamer une seconde fois à ce propriétaire volé la valeur des droits sur la chose qu'on lui avait volée.

M. LE MINISTRE DES FINANCES — On lui a remis l'amende et le droit !

M. DUPOUY. — Oui, mais à titre gracieux !

M. LE BARON VAST-VIMEUX. — Et après huit mois de réclamations !

M. GANIVET. — C'est-à-dire que l'administration, renseignée par un grand nombre d'informations, de rapports et de sollicitations, a consenti à ne rien réclamer. Je ne crois pas que ce soit la preuve d'une extrême bienveillance.

Je sais qu'aujourd'hui — et il est peut-être bon que l'Assemblée le sache — les instructions qui ont été données aux agents de l'administration dans les départements s'écartent, depuis quelque temps, d'une sévérité trop absolue. Il paraît qu'on aurait prévenu certains agents, dans les départements les plus intéressés, qu'il se produisait, à l'heure actuelle, un certain mouvement contre la loi des bouilleurs de crû ; que l'abrogation en était demandée, mais que l'administration attachait un grand prix au maintien de cette législation, et qu'alors, dans cet état de choses, il était important de traiter actuellement les propriétaires avec une grande bienveillance et d'éviter des récla-

mations. C'est là une recommandation de circonstance.

Voilà ce qu'on m'a dit ; j'ai même lu... — non pas
que ce soit une indiscrétion de mon département, cela
vient d'un autre, — j'ai même lu des instructions dans
ce sens ; ce qui prouve que la loi a été appliquée jusqu'à ce jour avec une extrême sévérité, et l'on comprend que ces rigueurs aient ajouté aux plaintes, aux
doléances si vives de toutes nos populations. (Très
bien ! très bien ! sur divers bancs.)

Ainsi, dans son principe, dans son application, la
loi est mauvaise ; elle ne fait que du mal en France.
Nous l'avons combattue dès le premier jour, nous
avons signalé les dangers qu'elle présentait. Ces dangers se réalisent aujourd'hui, et nous croyons qu'il est
temps de revenir sur une mesure défectueuse à tous
les points de vue.

Le grand argument de l'administration pour sollici-
ter le maintien de cette loi, ce serait son utilité. Grâce
à cette législation, nous dit M. le ministre des finances
et nous dit également la commission du budget, les
recettes de l'Etat sur l'impôt des alcools se sont accrues
dans une proportion considérable. Il y a une augmentation de 46 ou 48 millions dans les recettes de cette
nature, et cette augmentation, nous l'attribuons, jusqu'à concurrence de 40 millions, à la loi sur les bouilleurs de crû.

Voilà l'argumentation de M. le ministre.

Et lorsque l'honorable M. Leurent était à la tribune,
il nous disait : — « Mais venez donc prouver que cette

loi ne rapporte rien, comme vous l'avez dit dans votre proposition ! »

Eh bien, je viens répondre à cette argumentation de nos honorables collègues. Je pourrais me borner à dire : il n'y a, quant à ces 40 millions de recettes résultant de la loi des bouilleurs de crû, qu'une allégation de l'administration.

M. Leurent. — C'est quelque chose !

M. Ganivet. — C'est quelque chose, dites-vous, mon cher collègue ? Oui, ce serait quelque chose s'il y avait à l'appui de cette allégation des chiffres prouvant qu'elle peut être fondée. Je pourrais me borner à dire à l'administration : faites-nous la preuve et vous ne la faites pas !

Mais je veux aller plus loin, et, avec les documents mêmes que l'administration a remis dans les mains de la commission, je crois pouvoir établir que l'augmentation de recettes dont il s'agit est tout à fait indépendante de la loi sur les bouilleurs de crû.

En effet, nous avons des tableaux qui ont été distribués par l'administration et qui nous donnent la quantité soumise aux droits de consommation pendant les années 1869, 1872, 1873, 1874 et les neuf premiers mois de 1875.

Le résultat de ces tableaux, c'est la quantité d'alcool soumise au droit de consommation, et c'est sur cette quantité, nous en sommes d'accord, qu'il faut raisonner pour savoir s'il y a ou non accroissement dans la recette; c'est, dis-je, sur la quantité consommée dans les départements, car le gouvernement a eu soin de mettre dans une situation particulière la ville de Paris, et j'y consens avec le gouvernement. Eh ! bien, dans les départements, la consommation générale a atteint, en 1869, 781,561 hectolitres ; en 1872, 696,719 hectolitres ; en 1873, 845,981 hectolitres ; en 1874, 879,100 hectolitres, et l'administration nous dit : « Si vous prenez comme point de comparaison l'année 1869, qui a été une année normale, et l'année 1874, la dernière sur laquelle nous ayons des résultats complets, nous trouvons entre ces deux années que la consommation s'est augmentée de 94,539 hectolitres. »

Je l'accepte, je le reconnais; nous allons voir ce qu'il faut en déduire.

Et d'abord, qu'il me soit permis de faire remarquer qu'il n'y a pas à se préoccuper de l'abaissement des quantités pendant les années 1870, 1871 et même 1872...

M. Mestreau. — Surtout 1872 !

M. Ganivet. — Remarquez que la quantité d'alcool atteinte par l'impôt est d'autant mieux connue que le service de surveillance de l'administration est plus exactement exécuté. Or, les années 1870 et 1871 ont été des années de désordre dans tous les services administratifs, — je crois que l'administration ne le conteste pas, — et il est naturel qu'au milieu des désordres qui étaient inséparables de cette période de temps, des approvisionnements frauduleux ont pu être faits, et ils ont été faits dans tous les centres de consommation, de telle sorte qu'en 1872 vous devez trouver dans la consommation les approvisionnements frauduleux des années précédentes qui ont pu faire face à cette consommation. On ne peut donc prendre comme une base sérieuse que les années extrêmes, les années 1869 et 1874, entre lesquelles il y a une différence de consommation, en faveur de l'année 1874, de 94,539 hectolitres.

Messieurs, de 1869 à 1874, il s'est écoulé une période de cinq années, et en tenant compte des désordres qui se sont produits dans l'intervalle, comparant ces deux points extrêmes, si je veux considérer que cela représente l'augmentation qui annuellement a dû se produire dans la consommation de l'alcool, je trouve que ce chiffre de 94,539 représente, par année, une augmentation normale de 18,905.

M. LEURENT. — Il y a deux départements supprimés dont vous ne tenez pas compte !

M. GANIVET. — Je vous demande pardon ! Il en a été parfaitement tenu compte dans les tableaux du gouvernement.

Il y a donc une moyenne de 18,905 hectolitres par an ; je dis que c'est la moyenne normale. Il est constant que depuis bien des années la consommation de l'alcool va toujours en augmentant, c'est le résultat de l'établissement des voies de communication ; les produits alcooliques pénètrent dans des contrées où ils ne pénétraient pas précédemment. La consommation se développe sous toutes espèces de formes : consommation de famille, consommation industrielle, etc. Il y a une augmentation normale.

Voulez-vous que je vous indique des chiffres qui ont

été fournis également par le Gouvernement à une de
nos commissions du budget ?

En 1871, alors que la commission du budget venait
nous proposer une énorme augmentation des tarifs sur
l'alcool, l'honorable M. Bocher était rapporteur de
cette commission et, dans un rapport qui fut déposé le
27 juillet 1871, il nous faisait connaître les chiffres que
l'administration des contributions indirectes lui avait
communiqués.

Eh bien! voici, en ce qui concerne l'augmentation
de la consommation de la France, ce que je relève dans
ce rapport, ou plutôt dans les chiffres officiels du
Gouvernement : « En l'année 1850, la consommation
des alcools était de 620,000 hectolitres; en l'année 1868,
elle était de 976,000 hectolitres. Entre ces deux termes,
1850 et 1868, il y a dix-huit années d'écoulées pendant
lesquelles la consommation s'est augmentée de 356,000
hectolitres.

Voulez-vous savoir quelle est la moyenne de cette
augmentation pour chacune de ces dix-huit années ?

En divisant 356,000 par 18, vous trouverez que
l'augmentation moyenne par année est de 19,777 hectolitres.

Voilà l'augmentation.

Eh bien! de 1850 à 1868, alors qu'il n'y avait pas de
législation sur les bouilleurs de crû, alors que la propriété était complètement libre, il y avait une augmentation moyenne de 19,700 hectolitres par an. De 1869 à
1875, il y a cinq années, durant lesquelles il y a eu
une législation sur les bouilleurs de crû, et l'augmen-

17

tation est inférieure : au lieu d'être de 19,700 hectolitres par an, elle n'est que de 18,900 hectolitres.

Sur divers bancs. — C'est cela ! c'est cela !

M. Ganivet. — Qu'est-ce que cela prouve ?

M. Leurent. — Cela prouve que le droit a été
augmenté.

M. Ganivet. — Je ne raisonne pas sur le chiffre
produit par la taxe de l'alcool ; je raisonne comme le
Gouvernement a raisonné lui-même, c'est-à-dire sur
les quantités d'alcool consommées à l'intérieur ; car ce
n'est que sur ces quantités que raisonne le Gouvernement, laissant de côté la différence entre les droits
qui ont pu exister à diverses époques.

M. Leurent. — Mais l'augmentation des droits
pousse à la fraude !

M. Ganivet. — L'augmentation des droits pousse à
la fraude, dites-vous ? Nous l'avons dit et répété en
1871, ce qui n'a pas empêché d'établir une taxe de
150 francs par hectolitre d'alcool.

Au surplus, vous prétendez que la fraude n'existe
plus, aujourd'hui qu'il y a une loi sur les bouilleurs
de crû ; de telle sorte que je suis autorisé à dire que
les quantités constatées par l'administration sont
réellement les quantités consommées en France. Eh
bien ! l'augmentation qui s'est produite depuis le
régime de la loi sur les bouilleurs de crû est moindre
que celle qui s'était produite antérieurement.

Que conclure de tout cela ? C'est que la loi sur les
bouilleurs de crû n'a pas eu pour résultat l'augmentation qu'on se plaît à lui attribuer. La consommation

étant normale, la loi n'a pas eu pour résultat d'accroître les recettes du Trésor ; les recettes du Trésor se sont accrues avec la consommation normale. (Assentiments sur divers bancs.)

Je vous dirai même mieux. C'est qu'il devrait y avoir une augmentation bien plus considérable, et c'est là un point que je recommande à l'attention de l'Assemblée.

Avant la loi de 1872, alors que tous les propriétaires avaient la libre faculté de disposer de leur récolte comme de choses leur appartenant, il y avait dans le Midi un grand nombre de viticulteurs qui faisaient distiller une partie de leurs vins pour alcooliser le surplus. Ils le faisaient, et ils avaient intérêt à le faire. En effet, on avait aboli, en 1864, les facilités qui leur étaient données d'alcooliser en franchise de droit sur les alcools étrangers ; ils étaient, alors, obligés de prendre dans leurs propres récoltes les moyens d'alcoolisation, et par conséquent de distiller une partie de leurs vins ; ils le faisaient sans supporter de droits ; mais la loi des bouilleurs de crû leur a enlevé cette faculté. Ils ont été obligés, dès lors, de payer le droit à raison de 150 francs par hectolitre sur les alcools qu'ils fabriquaient avec leurs vins. Cependant ces propriétaires du Midi ne pouvaient pas renoncer au vinage des vins, qui leur procure des avantages et des bénéfices sérieux, et du moment où ils n'avaient plus, dans leur récolte, le moyen de viner en franchise et liberté, ils l'ont fait avec les alcools de l'industrie.

On a beaucoup viné dans le Midi ; par conséquent, de ce chef du vinage, la consommation devait augmenter dans des proportions énormes. Et tenez ! j'en trouve la preuve dans l'exposé des motifs d'un projet de loi qui a été présenté le 15 janvier dernier, mais qui a été retiré, de telle sorte qu'il n'a pas subi la discussion en séance. C'était un projet de loi sur la taxe des vins alcoolisés ; et voici ce que je lis dans l'exposé des motifs du projet de loi du Gouvernement :

« Durant la dernière campagne, — évidemment l'année 1874, — dans quatre départements seulement, l'Aude, les Bouches-du-Rhône, l'Hérault et les Pyrénées-Orientales, les alcoolisations déclarées ont atteint le chiffre de 56,000 hectolitres d'alcool pur. »

Vous voyez donc que, dans le Midi, il y avait une consommation d'alcool qui devait être tout à fait indépendante de la fraude résultant de cette loi, en vertu de laquelle on enlève au propriétaire la faculté de distiller ses vins sans acquitter des taxes exorbitantes. Et alors, au lieu de trouver cette augmentation normale et affaiblie même, que je vous signalais tout à l'heure, vous auriez trouvé une augmentation beaucoup plus considérable.

M. Léon Say, *ministre des finances*. — C'est une erreur !

M. Langlois, *rapporteur*. — Il n'y a eu aucune déclaration pour le vinage !

M. Ganivet. — Comment ?

M. le ministre des finances. — On n'a rien déclaré pour le vinage !

M. Ganivet. — J'en demande pardon à M. le
ministre, mais la phrase que je viens de lire est écrite
dans l'exposé des motifs d'un projet de loi présenté
par son prédécesseur, et je suis convaincu que le
chiffre indiqué dans cet exposé des motifs a été donné
par l'administration des contributions indirectes elle-
même ; je ne suppose pas qu'on eût pu le puiser à
une autre source.

M. le ministre des finances. — Le chiffre est parfaitement exact, mais il s'applique à l'exportation !

M. Ganivet. — Je comprendrais votre observation,
monsieur le ministre, si, en effet, le projet de loi
dont je parle, du 15 janvier 1875, devait être applicable à l'exportation ; mais il n'en est pas ainsi ; c'était,
au contraire, un projet de loi applicable aux vins
alcoolisés consommés en France, car, pour ce qui
concerne l'exportation, il y a toujours eu liberté absolue
de l'alcoolisation. (Approbation sur plusieurs bancs.)

Je dis donc que, au lieu de cette augmentation normale et affaiblie, nous aurions dû, si la loi de 1872
avait pu produire les effets que vous lui attribuez,
trouver une augmentation beaucoup plus considérable.
A ce point de vue, les tableaux officiels, sur lesquels
repose toute l'argumentation du gouvernement et de
la commission, ne peuvent nous renseigner en quoi
que ce soit : loin de là, toutes les présomptions sont
contre les allégations de l'administration.

Mais je dois examiner aussi la question en me plaçant dans l'hypothèse du gouvernement.

Supposons qu'il y ait eu une augmentation de

consommation depuis la loi de 1872; il faudrait savoir sur quoi porte cette augmentation. Est-ce sur les alcools de l'industrie, ou, au contraire, sur les alcools provenant de la distillation des vins ? La question est importante, et je m'étonne que l'administration, qui a en main tous les éléments nécessaires pour donner, à cet égard, des chiffres officiels, ne nous ait fourni aucun renseignement.

Remarquez-le, messieurs, la consommation des alcools d'industrie doit être tout à fait indépendante de la loi sur les bouilleurs de crû, parce que, ainsi que l'indique l'honorable M. Leurent et que le disait, il n'y a qu'un instant M. Baucarne-Leroux, les alcools d'industrie ont toujours été soumis à une surveillance et à un exercice continuels. Si l'augmentation a pour cause la loi sur les bouilleurs de crû, sur quels alcools doit se produire cette augmentation ? Sur ceux qui, antérieurement, n'étaient pas surveillés, c'est-à-dire, sur les alcools de vin.

Nous avons demandé à l'administration de nous donner des renseignements à cet égard, car ma proposition, avant d'être envoyée à l'examen de la commission du budget, avait été soumise à une commission d'initiative qui avait entendu M. le directeur général des contributions indirectes.

Et, quand nous posions à M. le directeur général des contributions indirectes cette question : L'augmentation porte-t-elle sur tel ou tel alcool ? Il nous répondait : L'administration est dans l'impuissance de donner des renseignements à cet égard.

Je m'étonne de cette impuissance, surtout depuis que la loi sur les bouilleurs de crû existe. Comment ! l'administration, qui a un compte ouvert sur lequel elle inscrit toutes les quantités d'alcool prises en charge chez les bouilleurs de crû, ne tiendrait pas, en même temps, un compte de toutes les quantités d'alcool sorties de leurs magasins, soit pour être exportées à l'étranger, soit pour être livrées à la consommation ? Je ne le comprends pas. Je le comprends d'autant moins que, avant que la loi sur les bouilleurs de crû existât, alors qu'il y avait liberté absolue chez eux, l'administration avait ces renseignements ; elle les avait fournis à la commission du budget dont l'honorable M. Bocher était rapporteur en 1871.

M. Leurent. — Ce n'était qu'une évaluation !

M. Ganivet. — Elle avait dit à la commission du budget : « Pendant dix années, de 1840 à 1850, la production des alcools, jugée d'après la consommation en France, a été, en alcools de vin, de 900,000 hectolitres, et, en alcools d'industrie, de 76,500 hectolitres. »

Je prie même, en passant, l'Assemblée de bien retenir ces chiffres : 900,000 hectolitres d'alcool de vin de 1840 à 1850, et 76,500 hectolitres seulement, dans la même période, pour les alcools d'industrie. Vous allez voir, messieurs, la proposition renversée.

« En 1862, disait l'administration, la production des alcools de vin tombait de 900,000 hectolitres à 300,000 ; elle était diminuée des deux tiers, tandis que la production des alcools d'industrie s'élevait de 76,500 à 685,000 hectolitres. »

Voilà la transformation qui s'opérait, et l'administration, se reportant à 1869, constatait encore, devant la commission du budget, que la quantité d'alcool de vin alors produite était de 150,000 hectolitres, tandis que les alcools d'industrie dépassaient un million d'hectolitres.

Que résulte-t-il de ces chiffres, que l'administration possédait, qu'elle se procurait quand elle n'avait pas les moyens de contrôle et d'inquisition résultant de la loi des bouilleurs de crû ? C'est que la production des alcools d'industrie se développait considérablement, qu'elle entrait dans la consommation pour les neuf dixièmes et que l'alcool de vin n'y entrait que pour un dixième.

Voilà ce que l'administration trouvait, à cette époque, et vous me dites, aujourd'hui, que vous ne pouvez pas nous renseigner à cet égard ? Mais que faut-il donc pour cela ? N'avez-vous pas dans toutes vos lois fiscales assez de moyens d'investigation, assez de relevés du portatif des 278,000 bouilleurs de crû qui sont en France ? Quant à moi, j'ai la conviction, et la conviction basée sur l'expérience, que si la consommation augmente, si elle augmente d'une manière normale, ce n'est pas au profit des alcools de vins, c'est au profit des alcools de l'industrie, qui n'existent pas seulement dans le nord de la France, car ils se sont transportés, de ce point extrême, vers les points méridionaux.

Voilà ce que je puis constater, ce que je puis affirmer. Vous allez en avoir la preuve dans les pièces mêmes que le Gouvernement nous a fait distribuer.

Le Gouvernement, voulant prouver que c'est la loi sur les bouilleurs de crû qui donne lieu à une augmentation dans la consommation des alcools, a fait dresser un tableau qui est intitulé : « Tableau présentant les départements où l'on compte le plus grand nombre de bouilleurs de crû et les départements où l'on fabrique presque exclusivement des alcools industriels. »

L'administration a relevé les trente et un départements qui comptent le plus grand nombre de bouilleurs de crû ; elle a relevé en même temps les quantités d'alcool consommées dans ces trente et un départements ; puis, comparant l'année 1872, — toujours ! — à l'année 1874, elle a dit : Dans ces départements, la consommation en alcool a augmenté de 47 p. 100 à la suite de la loi sur les bouilleurs de crû.

Oh ! le chiffre est saisissant.

Malheureusement pour l'administration, quand on examine le détail de ce tableau, on voit combien est grande son erreur, à quelles illusions elle s'est laissé entraîner, et je vais l'établir.

Et d'abord, pourquoi prendre votre année 1872 comme point de comparaison, cette année dans laquelle, comme le disait hier l'honorable M. Mestreau, il n'y avait pas d'alcool fabriqué de l'année précédente, et dans laquelle, comme je le disais tout à l'heure, il y avait eu des approvisionnements frauduleusement faits pendant les années 1870 et 1871 ? (Très bien ! sur plusieurs bancs.) Ce qu'il faut prendre, c'est l'année 1873. Il y a une augmentation, je le reconnais; elle est de 47 p. 100, je le veux bien; mais je vais prendre comme exemple, comme point de comparaison les deux départements où la quantité consommée s'est développée davantage, je vais prendre les départements du Calvados et de l'Eure : c'est dans ces deux départements que la consommation est devenue plus forte.

Ainsi, toujours d'après le tableau officiel, — je prends les chiffres de l'administration, — dans le Calvados, en 1872, la consommation était de 21,402 hectolitres; en 1874, elle était de 30,180 hectolitres. Dans l'intervalle, la loi des bouilleurs de crû a été appliquée, il y a une augmentation de 9,000 hectolitres dans la consommation. Vous en concluez que c'est l'effet de la loi sur les bouilleurs de crû.

Mais alors, dans votre système, tous ces bouilleurs de crû du département du Calvados étaient donc des fraudeurs qui, antérieurement, soustrayaient à l'administration tous leurs alcools pour que la loi eût cet effet si merveilleux d'en faire saisir la totalité par la régie?

Voyons maintenant la production du département.

En 1872, — c'est encore le tableau officiel qui le dit, — la fabrication de l'alcool était de 698 hectolitres; en 1874, elle était de 2,960 hectolitres. Eh bien ! voilà 2,960 hectolitres d'alcools fabriqués dans le département du Calvados, qui auraient permis de porter immédiatement la consommation de 21,000 à 30,000 hectolitres. Et vous venez de dire que les bouilleurs de crû trompaient le Trésor et que c'est la loi qui vous permet de trouver l'alcool chez les propriétaires, qui a procuré cet accroissement ?

M. BOCHER. — Ils venaient du Nord !

M. GANIVET. — Vous avez raison, mon honorable collègue, j'allais le dire.

Ce n'est pas seulement dans le département du Calvados. Dans le département de l'Eure le même fait se reproduit.

En 1872, la consommation est de 18,889 hectolitres et la production est de 935 ; en 1874, la consommation est de 23,312 hectolitres, et la production est de 1,375. Par conséquent, dans ces départements, que vous signalez comme étant des lieux de fraude et de développement de la consommation par suite de notre législation, les bouilleurs de crû ne produisent pas le dixième des quantités d'alcool qui s'y consomment habituellement. Voilà le résultat. (Très bien !)

Et vous voulez prétendre qu'il y avait une production locale qui échappait aux taxes de l'Etat et que la loi a eu pour résultat d'empêcher la fraude. Je prouve par ces chiffres que ce n'est pas possible. Ce n'est pas, messieurs, seulement dans ces départements que je constate le même fait ; je le retrouve dans les trente et un départements qui nous sont indiqués par l'administration, à l'exception de trois départements, des deux Charentes et du département du Gers. Pourquoi ? Parce que ces départements produisent des quantités considérables d'alcool ; c'est là leur récolte principale et, l'administration le sait comme moi, ces alcools n'entrent pas dans la consommation française ; ces

alcools sont transportés à l'extérieur ; de telle sorte
qu'il n'y a pas à s'en préoccuper au point de vue de la
perception de l'impôt ; car l'exportation n'est jamais
atteinte par les taxes sur l'alcool. Voilà ce que vous
constatez, et vous venez dire qu'il y a une augmentation de 47 0/0 ? Ah ! oui, il y a une augmentation ;
mais comparez ces départements à ceux où existe le
plus grand nombre de distilleries industrielles ; dans
ces treize départements, indiqués à votre tableau, vous
dites : Là où la loi des bouilleurs de crû n'avait que
faire, puisque ce n'est que de l'alcool d'industrie qu'on
y produit, s'il y a eu une augmentation, elle n'est que
de 13 0/0.

Comparons ces points : 13 0/0 et 47 0/0. Vous
dites que c'est le résultat de la loi sur les bouilleurs
de crû. Mais, messieurs, ces résultats ne peuvent sur-
prendre personne, quand on connaît les habitudes des
pays producteurs et des populations. Savez-vous pourquoi la consommation de l'alcool n'augmente pas dans
le département du Nord, — celui qui est pris comme
exemple par l'administration, — dans une proportion
aussi considérable que dans d'autres départements ?
Cela se comprend ; c'est qu'il y a longtemps que, dans
le département du Nord, la consommation de l'alcool a
atteint à peu près son maximum ; et je pourrais dire,
sans forcer l'expression, que dans ce pays-là les populations sont saturées au point de vue de la consommation alcoolique. (Réclamations sur quelques bancs.)

Ces réclamations, messieurs, ont lieu de me sur-
prendre ; car si j'emploie cette expression, ce n'est que

d'après certains renseignements généraux qui m'ont été donnés par quelques habitants du département du Nord.

Un membre. — Vous auriez bien fait d'y aller voir.

M. Ganivet. — Et cela se comprend, que dans vos départements du Nord la consommation de l'alcool soit plus forte que partout ailleurs : les départements du Nord ne produisent pas de vins. Là où le vin fait défaut, la consommation de l'alcool se développe. Cela est si vrai que, dans les mauvaises années vinicoles, vous voyez la consommation alcoolique augmenter partout, et, dans les années où les produits vinicoles abondent, la consommation de l'alcool diminue.

Voilà la raison pour laquelle, dans les départements du Nord, la consommation est aussi développée qu'elle peut l'être et qu'il ne faut pas espérer de ce côté-là une augmentation aussi considérable que dans les pays qui sont tributaires des départements du Nord.

M. Baucarne-Leroux. — Il est heureux pour vous que la consommation de l'alcool soit arrivée à son maximum dans les départements du Nord; on y consomme les produits du Midi.

M. Ganivet. — Nous serons très heureux qu'ils les consomment, et cela y diminuera la consommation de l'alcool; mais je ne crois pas que, jusqu'à présent, les débouchés aient été bien considérables pour les vins du Sud-Ouest.

Eh bien! pourquoi a-t-on vu l'augmentation des alcools dans les départements où il y a des bouilleurs de crû et dans les départements voisins ? C'est parce que les moyens de communication, ainsi que je l'ai dit il y a un instant, se sont multipliés et perfectionnés. Il y a un fait qui est notoire, c'est que tous les centres de consommation sont approvisionnés, non pas par les alcools naturels du vin, mais uniquement par les alcools de betteraves ou de maïs qu'on distille dans le Nord ou ailleurs. C'est un fait certain.

M. LEURENT. — Ce n'est pas exact !

M. GANIVET. — Ce n'est pas exact ! me dit l'honorable M. Leurent. Je demanderai à l'honorable M. Leurent, dans ce cas, de m'expliquer comment il se fait qu'il y ait des entrepôts considérables d'alcools industriels, coupés, dédoublés, pour être livrés à la consommation, dans certaines contrées où il n'y a pas un seul bouilleur de crû. Je vous citerai, par exemple, le département de la Haute-Vienne, la ville de Limoges. Je pourrais vous citer également la ville de Bordeaux. Il part de ces différents endroits des quantités considérables d'alcools qu'on a baptisés du nom de cognac et qu'on livre à la consommation. Savez-vous où ?

Même dans l'arrondissement de Cognac ! (Exclamations et sourires sur divers bancs.) Voilà ce qui se produit, voilà ce qui arrive ! Et vous vous étonnerez ensuite que, dans des départements comme ceux du Calvados et de l'Eure, qui produisent peu d'alcool, mais qui en consomment beaucoup, vous vous étonnerez de voir l'alcool de l'industrie aller augmenter la consommation ? Mais, remarquez-le, au surplus : comment l'administration connaît-elle les quantités d'alcool consommé ? D'après la perception des taxes. Eh bien !

il y a là une grande erreur de la part de l'administration à considérer que l'augmentation est ainsi régulièrement constatée dans tel ou tel département, par la raison que vous ne savez pas où le droit est acquitté.

Tantôt le droit est acquitté chez l'expéditeur, au lieu d'expédition ; tantôt, au contraire, la marchandise entre en entrepôt au lieu de consommation, et là le droit est acquitté plus tard. De telle sorte que les tableaux qui ont été dressés par l'administration ne prouvent absolument rien. J'ai donc raison de dire, en l'absence de documents que l'administration ne nous fournit pas et qu'elle avait le moyen de nous fournir aujourd'hui, comme elle l'avait en 1871, je dis qu'elle ne prouve pas que la loi ait produit quoi que ce soit. (Marques d'assentiment sur divers bancs.)

Mais voyez, messieurs, à quelles invraisemblances nous allons arriver. Dans ses tableaux, l'administration, d'après les portatifs, nous indique la production totale de l'alcool chez les bouilleurs de crû. En 1873, par exemple, la production est de 173,000 hectolitres chez les bouilleurs de crû. En 1874, elle est de 184,000 hectolitres. Eh bien ! ces quantités sont toutes inférieures aux quantités consommées dans les départements où il y a des bouilleurs de crû. Dans ces départements, alors qu'en 1873 il y a 173,000 hectolitres de production, il y a une consommation de 259,000 hectolitres ; en 1874, alors que la production est de 184,000, la consommation est de 283,000 hectolitres.

Vous voyez que si la consommation dépasse, dans

de semblables proportions, la production des bouilleurs de crû, il ne faut pas dire que ce soit cette loi des bouilleurs de crû qui a développé cette consommation. Il faut reconnaître que cet alcool a une autre provenance. Et remarquez que, quand je vous parle de ces chiffres, je fais comme l'administration; je passe sous silence un des faits les plus considérables en ce qui concerne les bouilleurs de crû, je veux parler de l'exportation.

En effet, messieurs, sachez-le, la grande exportation qui se fait à l'étranger ne se fait pas avec les alcools de l'industrie; s'ils y entrent, ce n'est que dans une faible proportion, et encore pour faire de la falsification. La grande exportation se fait avec les alcools de vins, les alcools produits par les bouilleurs de crû.

Quelle est-elle cette exportation? En 1869, elle était de 284,283 hectolitres. Que restera-t-il donc de vos alcools des bouilleurs de crû pour augmenter vos recettes, lorsque la production totale n'est que de 184,000 hectolitres? (Très bien! très-bien! sur plusieurs bancs.)

Voilà des contradictions que je relève dans vos tableaux. Je suis donc autorisé à dire que vous n'avez rien démontré. Il y a simplement, de la part de l'administration, une allégation qui est dénuée de toute espèce de preuve.

En ce qui concerne l'abrogation de la loi, je crois avoir démontré, de la manière la plus péremptoire, que cette loi n'avait rien produit et qu'elle ne pouvait rien produire.

L'administration est obligée de reconnaître qu'elle n'a pas de documents à cet égard. Eh bien ! quand une loi ne produit rien, elle est pour le moins inutile.

Plusieurs membres. — Elle est vexatoire !

M. GANIVET. — Mais, ici, il ne s'agit pas seulement d'une loi inutile, il s'agit d'une loi qui froisse la propriété, qui blesse les propriétaires. Vous ne pouvez la maintenir plus longtemps.

.En 1872, alors que cette loi était proposée, nous avons dit qu'elle était mauvaise, qu'elle serait inutile et improductive, et nous demandions même, comme dernière planche de salut, afin d'éviter toutes les mesures vexatoires qui se sont produites depuis, qu'au moins l'Assemblée voulût, avant de prendre une décision, procéder à une enquête parlementaire. On nous a répondu, à cette époque : Non ! nous n'avons pas besoin d'enquête. Nous savons que la fraude est partout, que les propriétaires mêmes sont des fraudeurs ; frappons sur les propriétaires, et on a frappé sans pitié.

Nous n'avons pas pu les protéger à ce moment ; mais aujourd'hui, cette enquête que nous demandons est faite. (Dénégations sur plusieurs bancs.)

M. LE MINISTRE DES FINANCES et M. LE RAPPORTEUR. — Mais non ! mais non !

M. GANIVET. — Elle est faite par toutes les doléances qui se sont produites, par toutes les réclamations qui ont été portées et développées devant la commission du budget. Nul n'ignore les vices de cette loi, ses résultats impuissants, tout le monde dit qu'elle est mauvaise. (Non !)

18

Et la commission du budget vient nous demander une enquête ? Pourquoi faire, quand cette enquête se fait depuis trois ans ? Pour nous donner encore une espérance qui ne serait qu'une illusion. Car, cette enquête parlementaire, à laquelle la commission du budget conclut, serait impossible. Quand on sent le besoin d'une enquête et qu'on la veut sérieuse, on la fait soi-même.

Que demandez-vous ? Une enquête que vous ne feriez pas, que vous légueriez à vos successeurs ? Et qui vous dit qu'ils procèderaient à cette enquête ?

Vous êtes saisis ; le moment est venu de se prononcer d'une manière définitive, d'abroger cette loi ; c'est le plus grand service que vous puissiez rendre à la propriété. (Vive approbation et applaudissements sur divers bancs.)

N° 5.

ÉLECTION LÉGISLATIVE DU 20 FÉVRIER 1876.

Profession de foi adressée par M. GANIVET *aux électeurs des cantons d'Angoulême (2e partie), d'Hiersac, de Rouillac et de Saint-Amant-de-Boixe.*

Messieurs et chers compatriotes,

Vous élirez un député le 20 de ce mois. Je me présente à vos suffrages.

Le département m'a nommé, le 8 février 1871, membre de l'Assemblée nationale sans que j'aie publié alors aucune profession de foi. En vous disant comment j'ai rempli les devoirs que m'imposait ce haut témoignage de confiance, je vous aurai dit ce que je serai dans l'avenir.

Je ne rappellerai que les grands faits politiques auxquels j'ai dû prendre part.

J'ai voté la paix, qui était nécessaire, et ensuite toutes les mesures qui nous ont préservé de l'horrible insurrection de la Commune.

J'ai contribué par mon vote à rassurer la France en confiant le pouvoir à M. le maréchal de Mac-Mahon.

Quand on a posé la question de gouvernement, j'ai, avec mes amis politiques, demandé l'Appel au peuple. J'ai ainsi témoigné de mon respect pour la souveraineté nationale et pour le suffrage universel. La majorité de l'Assemblée a repoussé notre proposition.

Je n'ai pas voté les lois constitutionnelles, parce qu'elles m'ont paru contraires au principe de l'Appel au peuple. Elles existent, et je les respecte, comme tout bon citoyen doit respecter les lois du pays.

Ces lois pourront être soumises à une révision, et M. le Maréchal de Mac-Mahon a seul le droit de la proposer, pendant la durée de ses pouvoirs. Si j'étais appelé, comme député, à me prononcer sur cette révision légale, je demanderais qu'elle eût lieu par la voie de l'Appel au peuple.

Mon programme politique se résume ainsi : maintien de l'ordre et de la paix, concours à M. le Maréchal de Mac-Mahon, respect de la légalité, et Appel au peuple lors de la révision légale des lois constitutionnelles.

Au point de vue spécial de notre département, j'ai défendu ses intérêts agricoles et commerciaux, notamment en ce qui concerne les papiers, les vins et les eaux-de-vie, si lourdement frappés dans ces dernières années. J'ai aussi toujours défendu les droits de la propriété, particulièrement à l'égard des permis de chasse et de l'odieuse loi des bouilleurs de crû, dont j'ai demandé et obtenu l'abrogation, après plus de trois années de luttes et d'efforts.

Décidez, messieurs, si mon passé vous offre assez de

garanties, pour que vous m'accordiez encore votre haute confiance.

Recevez, messieurs et chers compatriotes, l'assurance de mon absolu dévouement.

ALBAN GANIVET,

Avocat, Député à l'Assemblée nationale.

Nº 6.

CHAMBRE DES DÉPUTÉS.

Discours prononcé par M. GANIVET, à la séance du 24 mai 1879, pour combattre un projet du gouvernement tendant à favoriser le vinage des vins.

M. GANIVET. — La loi qui vous est soumise aujourd'hui touche aux intérêts les plus considérables du pays. Je n'en veux pour preuve que la chaleur et le talent dont l'honorable M. Devès vient de faire preuve à cette tribune pour la défense des aspirations du commerce du Midi. Cette loi, à notre avis, est destinée à jeter la perturbation dans toute la production française ; elle est destinée à favoriser les fraudes les plus répréhensibles... (Très bien ! sur plusieurs bancs) et à entraîner dans une véritable ruine la viticulture qui, jusqu'à ce jour, a été la source principale de la fortune de la France.

Pour vous faire accepter cette loi, l'honorable rapporteur, M. Escanyé, vous disait qu'il ne s'agissait pas de voter quelque chose de définitif, que c'était une loi provisoire, limitée à une durée de deux années ; que, pendant ce délai, on pourrait faire l'expérience de la faveur du vinage qu'il réclame et que, plus tard, si nous reconnaissions les inconvénients que, dès ce jour, nous signalons, on pourrait, par un autre vote, abroger cette loi dont l'expérience aurait démontré les défauts.

Messieurs, je ne crois pas que, lorsqu'il s'agit d'une question d'impôt, il y ait des lois temporaires. On cherche toujours à les faire accepter, en leur donnant l'apparence du provisoire; mais une fois que la porte a été provisoirement ouverte, nous savons qu'elle ne se referme jamais. Et c'est parce que cette loi deviendrait ainsi une loi définitive et perturbatrice des intérêts du pays que nous venons la combattre avec toute l'énergie de nos convictions. (Approbations sur plusieurs bancs.)

Que notre honorable collègue, M. Devès, veuille bien ne pas croire qu'ici nous sommes les défenseurs d'intérêts particuliers; nous sommes les défenseurs des intérêts généraux du pays, tels qu'ils ont été compris et respectés depuis de longues années et tels que nous voulons les maintenir, afin de sauvegarder, je le répète, la richesse nationale qu'ils ont constituée.

Les intérêts particuliers existent certainement dans le département de l'Hérault, que représente l'honorable M. Devès, comme ils peuvent exister dans le département de la Charente, que j'ai l'honneur de représenter.

Eh bien! je trouve que l'honorable M. Devès a été bien sévère pour son département en lui reprochant de se faire le défenseur de ses intérêts particuliers; car ses critiques s'adressent à la délibération de son Conseil général auquel je me disposais à rendre un hommage complet et mérité. (Très bien, sur plusieurs bancs.)

Comment ! c'est lorsque, dans le département de l'Hérault, un Conseil général est venu, à côté des Sociétés d'Agriculture, à côté des Comices agricoles, se montrer le défenseur des intérêts de la production vinicole contre l'invasion de la fraude, c'est alors que l'honorable M. Devès vient dire que ce sont les intérêts particuliers qu'on défend dans ce département ?

Ah ! permettez ! Votre département de l'Hérault a assez longtemps sollicité le bénéfice du vinage à prix réduit pour que je sois convaincu que, s'il vient s'y opposer aujourd'hui, c'est qu'il a reconnu que ce vinage à prix réduit compromettrait les intérêts généraux du pays et les intérêts particuliers de sa population ; je l'en félicite hautement.

Laissons de côté ces récriminations, qui ne doivent pas trouver place dans un débat de cette nature, et voyons, comme l'a dit l'honorable M. Escanyé, s'il faut aujourd'hui faire l'expérience de cette faculté du vinage.

Cette faculté du vinage, elle a été expérimentée pendant de longues années, à tel point que, aujourd'hui, je puis dire, l'expérience est faite et elle a condamné le privilège que vous réclamez.

Ne l'oublions pas — et cela a été rappelé avant-hier par l'honorable M. Guichard — le vinage a été autorisé en toute franchise pendant de longues années, depuis 1810 jusqu'à 1852, il était général dans toute la France ; il n'imposait aucun impôt aux viticulteurs.

N'oublions pas non plus que, à cette époque, les droits sur l'alcool ne s'élevaient pas au-dessus de 75 francs par hectolitre.

Pourquoi donc a-t-on supprimé cette faculté du vinage, en 1852 ? Ce n'a pas été, sachez-le bien, sur un simple caprice du pouvoir que la suppression, ou plutôt la réduction de cette faculté, a été monumentée dans une loi. C'est à la suite d'une enquête fort longue et très complète qui avait été faite, en 1850, sur le régime des boissons, qu'on a supprimé, à la demande de l'administration des contributions indirectes, la faculté de viner. Et pourquoi ? M. le ministre des finances vous l'a déclaré dans l'exposé des motifs, non pas du projet de loi actuel, mais d'un projet analogue qu'il avait déposé, en 1875, sur le bureau de l'Assemblée nationale ; dans cet exposé des motifs, il disait que la faculté du vinage avait amené des abus considérables au préjudice du Trésor.

Eh bien ! aujourd'hui, que vient-on nous proposer de la part de M. le ministre des finances, qui déjà a tenu ce langage dans un précédent exposé des motifs ? C'est de rétablir cette faculté du vinage en la grevant d'un modique impôt de 25 francs par hectolitre.

Comment ! messieurs, est-ce qu'il n'y aurait pas, aujourd'hui, les mêmes abus qui avaient été révélés par l'enquête de 1850 ?

Mais, messieurs, ces abus, en 1850, ne pouvaient faire réaliser qu'un bénéfice de 75 francs au profit du fraudeur, tandis que, dans l'état de notre législation actuelle, le bénéfice serait la différence du droit de

25 francs au droit général de 156 fr. 50 cent., c'est-à-dire 131 francs par hectolitre.

L'expérience, je le répète, a été faite sous les lois antérieures. Elle a condamné cette faculté du vinage, et on vous demande de rétablir les abus qu'on a voulu détruire ! (Approbation sur divers bancs.)

Et cependant, messieurs, en même temps que, en 1852, on abrogeait les dispositions des lois de 1816 et 1824, relatives à la liberté du vinage, on en conservait le bénéfice au profit de sept départements méridionaux. C'étaient précisément ces départements qui tenaient alors le langage que MM. Escanyé et Devès sont venus répéter à cette tribune ; ils venaient dire : « Mais nous ne pouvons pas assurer la conservation de nos vins si on ne nous donne pas la faculté de les additionner d'une certaine quantité d'alcool ». Et alors, afin de sauvegarder les intérêts de ces départements, qui étaient bien des intérêts particuliers, on leur avait laissé la faculté de viner en franchise, faculté dont ils ont joui jusqu'en 1865. Or, certainement, si, comme l'a prétendu notre honorable collègue, M. Escanyé, la loi sur le vinage devait faire un obstacle à la fraude, dans ces départements auxquels un pareil privilège avait été conservé, la fraude, durant toute la période où cette loi de 1852 a été en vigueur, n'a pas dû se produire.

Eh bien ! voici ce qui s'est passé : les vins du Midi ont contribué alors plus que jamais à l'approvisionnement de Paris ; ils y arrivaient avec le vinage amplement pratiqué jusqu'à concurrence de 18 0/0 d'alcool. La fraude existait-elle ? Ah ! messieurs, bien peu d'années après cette loi de 1852, il a fallu, pour protéger les consommateurs contre la fraude, contre les falsifications dont ils étaient victimes, il a fallu faire une loi, au mois de mai 1855, loi rendant applicable à la fraude des boissons la loi de 1851, qui punissait les fraudes dont étaient l'objet les produits alimentaires.

A cette époque, que disait-on devant le Corps législatif en sollicitant cette extension de la loi de 1851 ? Ah ! mon Dieu ! oserai-je répéter ici un mot qui semble avoir froissé la susceptibilité de l'honorable M. Devès ? Je me souviens que, à cette époque, un orateur disait devant le Corps législatif : « Nous vous demandons de prendre des mesures pour qu'on ne nous empoisonne pas dans nos boissons ». Voilà ce qu'on disait dans la discussion de la loi.

M. Paul Devès. — C'était une loi pénale et non une loi fiscale !

M. Ganivet. — Oui, mon cher collègue, c'était une loi pénale ; mais cette loi pénale avait été rendue nécessaire par la fraude que le vinage favorisait. (Assentiment sur divers bancs.)

Le rapport qui était fait, à cette époque, devant le Corps législatif énumérait toutes les fraudes dont le vin était l'objet au préjudice des consommateurs et par conséquent des producteurs. Et savez-vous ce qu'on lit dans ce rapport, au milieu de tous ces moyens frauduleux employés par certain commerce ? On y lit ceci : « Le décret du 17 mars 1852 est loin d'avoir fait abandonner partout les excès d'alcool toujours corrigés par des excès d'eau ».

Voilà ce qu'a produit cette loi restrictive du vinage, consécutive d'un privilège au profit de sept départements du Midi : elle a encouragé, loin de les faire cesser, ces excès d'alcool et ces excès d'eau, c'est-à-dire la fraude que, précisément, la loi de 1855 voulait atteindre.

Sur divers bancs. — Très bien ! très bien !

M. Ganivet. — Aujourd'hui, vous voulez nous ramener à ce même système, et, pour cela, vous invoquez la concurrence qu'il est nécessaire d'établir entre tous les vins produits par les vignobles français.

Mais, cette concurrence, elle a déjà existé telle que vous la voudriez ; c'est-à-dire qu'elle a été toute à l'avantage de ces sept départements méridionaux, et nous pouvons ajouter qu'elle a été désastreuse pour les propriétaires des autres contrées viticoles.

Cette concurrence, en effet, se fait avec un avantage tout particulier pour les vins du Midi, avantage que vous ne pouvez rencontrer dans aucune autre contrée de notre territoire. Les vins du Midi ont cet heureux privilège de contenir une grande quantité d'alcool, et leur richesse est telle que la totalité du sucre qu'ils renferment ne peut pas, pendant la fermentation, se convertir en alcool.

Indépendamment de cela, ils sont chargés d'une couleur très riche, et ils se prêtent, soit par leur force alcoolique naturelle, soit par l'addition d'un alcool étranger, soit surtout par leur couleur foncée, à un dédoublement frauduleux au préjudice du Trésor et des octrois des villes, comme au préjudice des producteurs de l'Ouest, du Centre et de l'Est.

Voici un fait que nous pouvons vous affirmer, car il a été maintes fois publié dans de nombreuses enquêtes, dans de nombreux documents.

Deux pièces de vin sont expédiées du Midi à Paris, qui est le grand centre de consommation. Ces deux pièces ne supportent de frais de voyage que pour le tarif applicable à deux pièces, de droits d'entrée que pour la quantité de deux pièces ; et cependant, quand ces deux pièces sont entrées dans l'intérieur de Paris, on les additionne d'une troisième pièce d'eau, et on en fait trois pièces...

M. Gautier. — Et même quatre !

M. Ganivet. — .... qui n'ont supporté que les frais de transport et les droits d'entrée de deux pièces seulement.

Sur divers bancs. — C'est cela ! c'est cela !

M. Gautier. — C'est la fraude organisée !

M. Ganivet. — C'est là un bénéfice, vous le voyez, pour celui qui fait ce genre de commerce, un bénéfice de 50 0/0 sur le montant de ses frais généraux, qui sont, comme vous le savez, très élevés.

Allez dans les autres départements viticoles, et cherchez des vins qui aient la richesse de couleur et l'abondance d'alcool des vins du midi. Vous n'en trouverez nulle part qui puissent être soumis à un pareil dédoublement. Aussi, nous ne nous étonnons pas si, sous le bénéfice du décret de 1852, les départements du Midi, qui avaient été favorisés, ont réalisé des bénéfices considérables.

Si, aujourd'hui, on rétablissait cette faculté du vinage

telle que vous la sollicitez, ces bénéfices frauduleux se renouvelleraient sans aucun doute. Et alors, à quel résultat arriveriez-vous ? Vous arriveriez à écouler vos produits du Midi qui se prêtent si heureusement à la fraude, et vous condamneriez à la stagnation les autres vins de France qui ne pourraient soutenir la concurrence.

Voilà pourquoi nous combattons le projet de loi au nom de la liberté commerciale et de la libre concurrence qui doivent exister entre les diverses parties de notre pays. Nous ne voulons pas que, au moyen d'un produit étranger, d'un produit avec lequel la vigne n'a rien de commun, au moyen de l'alcool du Nord, vous veniez encombrer les marchés français et étrangers de produits abondants et adultérés contre lesquels les produits viticoles des autres départements ne pourraient pas lutter (Très bien ! très bien ! sur plusieurs bancs).

Et vraiment, quand je parle de cette liberté qui doit présider à toutes les relations commerciales, de la liberté de la concurrence, il me semble que je devrais, au premier rang, trouver parmi ses défenseurs M. le ministre des finances ; et ce n'est pas sans un certain étonnement que j'ai lu dans l'exposé des motifs précédant son projet de loi que cette loi avait pour but de favoriser l'écoulement des alcools du Nord. (Approbation sur plusieurs bancs.)

Comment ! la loi serait ainsi faite au profit des produits du Nord contre les produits vinicoles ? (Nouvelle approbation sur les mêmes bancs.) Mais alors ce n'est plus de la liberté, et il me semble que, en pareille matière, le gouvernement, chargé de tenir la balance égale entre tous les produits du sol, ne devrait jamais manifester aucune préférence, encore moins proposer une protection injustifiable.

M. Fauré. — C'est vrai ! Très bien !

M. Ganivet. — Il me semble que le gouvernement ne devrait pas se montrer si disposé à défendre la betterave du Nord dans la lutte qu'elle soutient contre la vigne. (Approbation sur divers bancs.) A d'autres époques, la betterave a soutenu des luttes mémorables ; elle a combattu avec succès, je le reconnais, la canne à sucre de nos colonies. Eh bien ! qu'aujourd'hui elle reste satisfaite des bénéfices immenses qu'elle a pu en retirer, mais au moins, qu'elle respecte les produits de nos vignes ! (Nouvelle approbation sur les mêmes bancs.) Voilà ce que nous vous demandons au nom de la liberté commerciale, au nom de la liberté de la concurrence !

Sur divers bancs. — Très bien ! très bien !

M. Ganivet. — Et au profit de qui serait votée cette loi ?

Serait-ce au profit des propriétaires ? Serait-ce au profit des producteurs de vins ?

Non, messieurs ! Ce n'est pas dans l'intérêt des viticulteurs que le projet de loi a été présenté ; il l'a été pour soutenir un intérêt purement commercial.

Et, du reste, on ne l'a pas dissimulé, car, dans le projet de loi que l'honorable ministre des finances avait présenté à l'Assemblée nationale, en 1875, il avait eu soin de nous dire que ce projet de loi donnerait satisfaction aux réclamations des négociants en vins.

Il suffit, en effet, de jeter les yeux sur les dispositions du projet de loi pour reconnaître qu'elle serait inapplicable aux petits producteurs de vin. Il est évident que les quantités d'alcool qu'il faut employer pour faire les mixtions, qui seraient autorisées par la loi, devraient être telles que le petit propriétaire, celui qui, incontestablement, est le plus nombreux dans les pays vinicoles — car l'honorable M. Guichard vous disait, avec raison, que c'était la vigne qui avait divisé, qui avait démocratisé la propriété dans notre pays — il est évident que ce petit propriétaire ne pourrait pas profiter des dispositions de votre loi et que ceux-là seulement qui ont de grands magasins contenant une grande quantité de vin, seraient en situation d'opérer le vinage.

Il faudrait que le propriétaire, à partir du jour où il aurait reçu l'alcool avec la bonification de 25 francs de droit par hectolitre, ouvrit ses caves, ses celliers à l'administration des contributions indirectes.

Vous devez savoir ce que c'est que les visites de l'administration des contributions indirectes, et vous pouvez vous demander s'il y aurait beaucoup de propriétaires qui iraient bénévolement se soumettre aux vexations de cette nature. Le commerçant, au contraire, a ses magasins ouverts à l'administration, il est obligé de subir ses exercices, il n'a plus à les redouter ; lui seul pourrait donc recourir à ce vinage à prix réduit. J'ai donc raison de dire, comme, du reste, M. le ministre l'avait reconnu, que c'était une loi pour les négociants, et non pas pour les propriétaires.

Eh bien ! permettez-moi de le dire, en matière de viticulture, il ne faut pas songer seulement à l'industrie qui spécule ; il faut songer avant tout au producteur qui travaille et qui livre à la consommation les produits de son sol. (C'est cela ! — Très bien ! à droite.)

Voilà celui qu'il ne faut pas oublier. Aussi, messieurs, je ne m'étonne pas des changements qui se sont produits dans l'opinion de certains départements, qui, tout d'abord, demandaient si instamment le vinage. Le département de l'Hérault — l'honorable M. Devès le reconnaissait tout à l'heure — un de ceux qui avaient été le plus privilégiés par le décret de 1852, a été un des premiers à s'opposer à cette loi. Le département de l'Aude, son voisin, qui, lui aussi, avait retiré de si grands bénéfices de ce vinage, le département de l'Aude s'y est refusé également. Et il n'y a pas que les Conseils généraux ; les Comices agricoles et les Sociétés d'agriculture de ce pays-là, comme de beaucoup d'autres pays, d'ailleurs, dont on a pu vous distribuer les délibérations, sont venus vous supplier de repousser la loi en discussion.

Un membre. — Mais pas les Chambres de commerce.

M. Ganivet. — Je ne parle pas des Chambres de commerce, mon cher collègue.

M. Fauré. — C'est la vérité même !

M. Ganivet. — Je reconnais avec vous que si, à côté de ces innombrables producteurs des départements de l'Aude et de l'Hérault, je jette les yeux sur le commerce, oui, je trouverai là des organes qui demandent la faculté du vinage.

Et la raison en est bien simple, je le disais tout à l'heure : c'est que le vinage ne peut profiter qu'aux commerçants, et pas à d'autres. C'est donc un intérêt particulier que les Chambres de commerce défendent dans cette circonstance (Approbation à droite), particulièrement la Chambre de commerce de Cette, de Cette qui a acquis sa réputation en fabriquant des vins tout à fait étrangers à la France, et même quelquefois à la vigne. Voilà ceux qui sont satisfaits par la loi, ceux qui la demandent.

Quelles sont donc, messieurs, les raisons qu'on a invoquées pour faire accorder cette faculté du vinage à bon marché ? Il n'y en a eu que deux qui ont été mises en avant : la conservation des vins et la lutte contre les vins d'Espagne.

Je reconnais, messieurs, que la conservation des vins, surtout dans les années d'abondance, présente un intérêt réel. Je reconnaîtrai, sans que cela me gêne, avec l'honorable M. Devès, qu'il peut n'y avoir pas de danger à mélanger de l'alcool avec le vin ; je ne dis pas qu'il n'y ait point délit, car je vous démontrerai tout à l'heure que la jurisprudence française y reconnaît un délit ; mais enfin, je l'admets ; tout cela est une question de mesure.

Et les hommes qui ont le plus examiné la question, M. Thénard, notamment, si je ne me trompe, qui se sont prononcé en faveur du vinage, ont été d'avis qu'un vinage modéré pouvait être avantageux, mais à une condition : c'est que l'alcool qui sera employé sera un alcool parfaitement sain. (C'est cela !) Et, à ce point de vue, nous disons, je crois, avec beaucoup de raison, que la législation actuelle sur les bouilleurs de crû donne toute espèce de garantie et de facilité aux propriétaires. Vous avez une récolte abondante de vin. Si vous craignez une seconde fermentation au retour du printemps, vous pouvez distiller une portion de ces vins. Et l'honorable M. Jean David avait parfaitement raison quand il disait : « Mais le bouilleur de crû peut faire dans sa cave ce que bon lui semble de son vin ; il peut le distiller ; il peut, c'est l'expression consacrée, brûler une partie de sa récolte et la verser ensuite dans le surplus sous forme d'eau-de-vie. »

Un propriétaire qui récolte 100 hectolitres de vin pourra distiller 5 ou 6 hectolitres et verser l'alcool dans les 95 hectolitres qui lui restent. Que fait-il dans ce cas-là ? Il n'opère que sur sa récolte ; il mêle l'essence d'une partie de son vin à la généralité de celui-ci ; il ne livre pas à la consommation un produit fabriqué ; il améliore son vin ; ce qu'il fait, il le fait conformément à la loi. C'est là le grand avantage de cette loi qui a consacré la liberté des bouilleurs de crû — loi que je défendrai toujours, quoi qu'en ait dit M. Devès — loi qui a établi une égalité de concurrence entre tous les départements qui produisent du vin.

Voilà ce que nous demandons à maintenir. Eh bien ! messieurs, la conservation des vins du Midi est-elle donc impossible sans les alcools du Nord ?

Je crois qu'il n'y a pas si longtemps que le Nord a

distillé ses betteraves et encombré le marché français de ses alcools : ce n'est guère que depuis 1850. C'est à cette époque, si je ne me trompe, que l'on a constaté que la consommation de l'alcool français était dans la proportion de 9 dixièmes d'alcool d'industrie et de 1 dixième d'alcool de vin.

Dans ce temps là les vins du Midi se conservaient à l'aide de certaines précautions. La science avait indiqué les moyens de les consolider ; il y avait le plâtrage dans certains cas, il y avait le mutage par le soufre dans d'autres cas. Etaient - ce des moyens impraticables ? Evidemment non, car ces moyens ont même survécu à la faculté de vinage accordée par le décret de 1852.

Je sais qu'aujourd'hui, et sans doute pour ie besoin de la cause, on vous dit, dans l'exposé des motif du projet de loi, que ce sont là des moyens qui ne sont pas sans inconvénients. On les présente comme étant peut-être de nature nuisible pour la. santé publique. Mais cependant, à cette époque, il y avait un Conseil central d'hygiène que l'on avait consulté. Il y a eu même des poursuites devant les tribunaux, et l'on décidait alors, avec l'autorité de la science et avec les affirmations les plus positives, que ces procédés ne compromettaient en rien l'hygiène publique ; on les autorisait ; ils étaient pratiqués ouvertement, publiquement. Et voilà qu'aujourd'hui, on vient nous dire qu'ils sont mauvais et qu'il faut recourir aux alcools du Nord ?

Défendant ces alcools du Nord, M. Escanyé nous citait, avant-hier, deux avis émanant l'un de l'Académie des sciences, et l'autre émanant du Conseil central d'hygiène, pour démontrer leur innocuité.

Ces deux corps savants, composés de docteurs également recommandables, n'étaient pas cependant du même avis ; il ne faut peut-être pas s'en étonner ; mais je constate que le Conseil d'hygiène disait que le vinage était inoffensif, en y mettant cette restriction, qu'il devait être pratiqué avec une certaine réserve et dans des limites très restreintes.

Quant à l'Académie de médecine, ne se préoccupant que des besoins de l'hygiène publique, elle disait qu'il ne fallait pas le pratiquer.

Vous avez donc eu deux autorités scientifiques qui se sont prononcées en sens différents sur la pratique du vinage.

Les corps savants ont reconnu antérieurement qu'on pouvait plâtrer, muter, soufrer les vins, sans aucun danger. Pourquoi donc vient-on aujourd'hui les contredire, si ce n'est pour le besoin de la cause ?

Mais avec ce témoignage des représentants de la science, il y a un autre témoignage que nous pourrions tous invoquer ; les meilleurs juges, en pareille matière, sont peut-être ceux qui consomment des vins coupés avec de l'alcool. Ils sont nombreux, ces consommateurs, en France, et on les rencontre à Paris plus qu'ailleurs. Eh bien ! demandez leur avis, demandez-leur l'effet que ces vins alcoolisés produisent sur leur santé, et tous, je ne crains pas de le dire, vous diront qu'autrefois les vins non alcoolisés qu'ils buvaient ne produisaient pas sur leur santé les fâcheux effets que produisent les vins alcoolisés qu'ils consomment aujourd'hui.

M. Paul Devès. — Les plaintes sont les mêmes dans tous les temps.

M. Ganivet. — Laissons de côté la question scientifique d'hygiène publique; elle a été jugée par la science comme par l'expérience.

L'autre raison invoquée par nos adversaires, c'est la convention espagnole qui crée un avantage excessif au profit des vins d'Espagne. C'est possible, en ce moment. Cela durera-t-il? Je l'ignore. Mais j'ai été frappé cependant d'une observation qui a été faite par M. Jean David, c'est qu'aujourd'hui, si nous voyons l'importation espagnole augmenter dans une proportion considérable, quand le tarif de douane est de 3 fr. 50 par hectolitre, il faut se rappeler qu'antérieurement, ce tarif était de 30 cent. par hectolitre et que, cependant, l'importation était loin d'atteindre les proportions actuelles.

M. Escanyé, *rapporteur*. — Le droit sur l'alcool était moins élevé alors !

M. de Valon. — Les vins de Catalogne n'étaient pas encore exportés.

M. Ganivet. — Je dis que, de ce fait, on peut conclure ceci : il est probable que, dans ce moment, nous traversons une crise dont il est peut-être difficile de déterminer les causes, mais que le temps pourra faire disparaître.

Au surplus, à l'occasion de cette convention espagnole, il se produit un fait qui vous avait été signalé

l'année dernière par l'honorable M. de Valon, mon ami,
qui, dans cette circonstance, a été, je puis le lui dire, un
véritable prophète. Il nous avait annoncé qu'on allait
ouvrir les portes à une invasion de vins vinés espa-
gnols, et que cette convention servirait d'argument
à une loi sur le vinage, qui serait plus désastreuse
encore.

Mais cette convention n'a été faite, heureusement,
que pour un temps très court ; dans dix mois, comme
l'a fait remarquer M. de Valon, elle touchera à son
terme.

Alors, nous reprendrons toute notre liberté pour la
renouveler, et, si on suit une règle qui, en pareille
matière, me semble être fondamentale, c'est-à-dire si,
au lieu d'établir des droits de douane d'une manière
absolue sur la quantité de vins, on établit des droits
qui seront proportionnés à la richesse alcoolique de
ces vins, on rétablira facilement l'équilibre entre les
vins français et les vins étrangers. De cette façon, nous
lutterons à forces égales ; nous resterons sur le terrain
non protectionniste, que je désire ne pas abandonner,
et nous aurons sauvegardé les récoltes de la France.

Voilà le résultat auquel nous devrons arriver.

Mais, avec votre loi sur le vinage, savez-vous ce que
vous allez faire ? Vous allez ouvrir encore plus grande
la porte aux vins étrangers. Alors que le commerce —
je parle du commerce peu délicat — viendra vous livrer
des vins falsifiés, que fera-t-on ? On ira demander à l'Au-
triche, à la Hongrie, à l'Italie, à l'Espagne, à la Suisse,
des vins qui sont naturellement plus alcoolisés que les

nôtres ; on les demandera pour n'être pas empoisonné par des vins falsifiés ou fabriqués par la fraude et tout cela tournera au profit de l'étranger et au préjudice des vignes de France. (Très bien ! sur divers bancs.)

Ce n'est pas d'aujourd'hui, messieurs, que cette éventualité a été signalée.

J'ai sous les yeux un livre qui a été publié par un œnologue dont le nom fait autorité, M. de Vergnette-Lamothe.

Dès 1869 — et à cette époque, les départements du Midi sollicitaient le rétablissement du vinage en franchise — l'auteur de ce livre appréciait la situation.

Voici comment il s'exprimait :

« Avec la franchise du vinage, on fabriquera à la cuve, avec quelques raisins, un hectolitre d'alcool à 90 degrés, et neuf hectolitres d'eau, ce que nous appellerons le vin de betteraves. Ce vin sera coupé avec des vins de couleur des Pyrénées-Orientales et les vins acides du centre de la France. Ce produit inondera tous nos marchés. Evidemment alors il y aura une grave perturbation dans l'état économique de la viticulture, et si nous, les producteurs des grands vins de Bourgogne, et ceux du Bordelais, n'avons rien à redouter du vin de betterave, les vignobles des vins communs seront — pour un temps limité, nous l'espérons — vivement atteints dans leurs richesses. Ainsi, d'abord, le marché de l'étranger sera perdu pour la France, et les vins de Hongrie y remplaceront nos vins ordinaires devenus suspects ; et puis la santé publique n'y gagnera pas, car nous savons que la chimie ne

peut pas créer de toutes pièces, au point de vue hygié-
nique, ce produit si nutritif et de composition si complexe qu'on appelle le vin. Aussi, une réaction inévi-
table se produira-t-elle bientôt contre la betterave. Et
si les premiers venus des distillateurs réalisent de
grands bénéfices, comme nous l'avons vu pour les
fabricants de vins à l'eau, les vineurs, à la suite, s'y
ruineront, comme l'ont été la plupart des mouilleurs ».
(Marques d'approbation sur divers bancs.)

Voilà un tableau exact : cette situation est déjà
menaçante.

Permettez-moi, messieurs, de faire passer sous
vos yeux un paragraphe d'une lettre que j'ai reçue
de la ville de Narbonne. On m'écrit : « Pourquoi accorder le vinage à des départements qui ne le demandent
pas et qui n'en veulent pas? Ces départements comprennent parfaitement qu'autoriser le vinage dans ces
conditions, c'est diminuer le rendement de nos vins
français et faire surgir une autre fabrication qui leur
fera une concurrence redoutable. Nous avons été
témoins, l'année dernière, des ressources considérables
qui sont à la disposition de l'industrie, à l'aide des
trois-six venant en aide aux produits appelés piquette
et aux imitations faites à l'aide de fruits secs et notamment des raisins secs de l'Asie-Mineure. Si une loi permet le vinage en France à 20 francs l'hectolitre, nous
verrons partout en France s'établir des fabriques de
vins falsifiés ou d'imitation. »

Plusieurs membres. — C'est cela ! Très bien !

M. GANIVET. — Voilà l'avenir vrai, il nous est

signalé par une lettre venant d'un pays où on avait l'habitude du vinage et où l'on en reconnaît aujourd'hui les dangers.

M. PAUL DEVÈS. — La lettre est-elle des Charentes ou de l'Hérault?

M. GANIVET. — De Narbonne, dans l'Aude.

M. PAUL DEVÈS. — Pardon, je croyais qu'elle était des Charentes.

M. GANIVET. — La conséquence directe de la loi serait, messieurs, l'organisation de la fraude dans toute la France.

A ce point de vue, messieurs, je disais tout à l'heure que la jurisprudence avait trouvé des falsifications dans le mélange des vins et des alcools.

Permettez-moi d'appeler votre attention sur ce point spécial de la question; ce sera peut-être, aux yeux de M. Devès, un intérêt particulier. J'en demande pardon à M. Devès, mais si c'est un intérêt particulier, il est bien considérable, assez même pour devenir un intérêt général.

Les deux Charentes produisent une quantité considérable, je ne dirai pas d'alcools, mais d'eaux-de-vie dont l'honorable M. Devès se plaisait tout à l'heure à reconnaître l'immense supériorité.

Ces eaux-de-vie, je le dis à regret, ne sont guère livrées à la consommation française, elles s'écoulent en général sur les marchés étrangers, où elles atteignent un prix de beaucoup supérieur au prix des alcools. Et c'est ce prix élevé qui fait probablement que la consommation française les néglige, pendant que leur qualité incontestable les fait rechercher dans les pays étrangers.

Nos eaux-de-vie se font avec des vins récoltés dans les Charentes. Il y a eu certains spéculateurs, peu scrupuleux sur les moyens de gagner de l'argent, qui ont cru pouvoir additionner les vins destinés à la distillation avec des alcools qui venaient soit du Nord, soit de l'Angleterre, soit de l'Allemagne. Je reconnais qu'il y a eu un bénéfice considérable, et vous allez le comprendre. Quand l'alcool de betterave se vend environ 60 à 65 francs l'hectolitre à 90 degrés, les eaux-de-vie charentaises à 59 degrés se vendent au prix de 150 à 160 francs l'hectolitre ; ce qui, en les convertissant en alcool, porte les prix à 260 et 210 francs l'hectolitre.

Vous comprenez l'écart considérable qui existe entre le prix des alcools purs du Nord et le prix des alcools purs des vins des Charentes ; par conséquent, quand on versait dans les vins un hectolitre d'alcool à 60 francs, on pouvait espérer en retirer 200 ou 300 francs de bénéfice. Il n'est pas étonnant que certaines personnes se soient laissé séduire par cette fraude trop facile.

Mais qu'est-il arrivé ? C'est que les individus qui se sont livrés à ces mélanges ont été recherchés par la justice ; ils ont été poursuivis et condamnés, les uns à la prison, même quelquefois à une peine d'une certaine durée, d'autres à l'amende.

Pourquoi ? Parce qu'ils avaient falsifié les produits de leurs vignes ; ils avaient commis un délit, en mélangeant l'alcool de betterave avec des vins, c'est-à-dire deux produits de nature différente.

Vous voyez donc que ces mixtures, que vous déclariez tout à l'heure complètement innocentes, peuvent conduire sur les bancs de la police correctionnelle ceux qui s'en rendent coupables. C'est un fait acquis en jurisprudence.

Avec votre loi, qu'allez-vous faire ? Vous avez les eaux-de-vie des Charentes, qui sont l'objet d'un commerce considérable : c'est une exportation de 100 à 150 millions au moins pour chaque année. Il y a là une source de fortune pour tout le pays. Vous allez donner à des spéculateurs le droit de recevoir, au prix de 20 francs par hectolitre, des alcools qu'ils mélangeront à leurs vins, pour les distiller ensuite ! Le fait deviendra légal et non répréhensible.

Je vais au devant de l'objection ; car je vois M. le ministre qui prend une note, sans doute pour me répondre à cet égard. Le projet de loi, me dira-t-on, ne permet pas au spéculateur, qui vinera avec l'alcool, de distiller ces vins mélangés. Cela est vrai ; mais ce ne sera pas chez le commerçant qui aura fait le mélange que la distillation se fera ; le commerçant qui aura introduit cet alcool dans ses vins s'empressera de les transporter ailleurs ; ils passeront d'un magasin dans un autre, il sera impossible d'en retrouver la trace, surtout quand ils auront changé de département, et ils arriveront ainsi légalement à l'appareil distillatoire, qui les transformera en eau-de-vie.

Voilà la fraude que vous allez organiser. Et, je le dis

en toute conviction, si, dans nos contrées si riches en bonnes eaux-de-vie, il y avait par hasard quelques partisans du vinage, ces partisans ne devraient être que des gens voulant pratiquer la fraude. (Réclamations sur divers bancs.)

M. Paul Devès. — Ce sont les adversaires!

M. des Rotours. — Ne parlez pas au nom du département de la Charente-Inférieure, dont le Conseil général appuie le projet de loi.

M. Ganivet. — Je ne saisis pas les interruptions!

M. des Rotours. — Je dis que le Conseil général de la Charente-Inférieure appuie le projet de loi, et que le Conseil général de la Charente-Inférieure n'est pas apparemment, composé de fraudeurs.

M. le baron Eschassériaux. — Vous verrez le vote des députés de la Charente-Inférieure ; ils ne s'associeront pas à ce projet de loi, du moins la plupart.

M. Paul Devès. — Ce sera la contre-partie de l'autre vote.

M. Ganivet. — Je vous répondrai, mon cher collègue, que le département de la Charente est celui dans lequel se trouve le centre principal du commerce des eaux-de-vie de Cognac ; que son Conseil général a protesté énergiquement contre le projet de loi que vous défendez aujourd'hui. Et j'aperçois mon honorable collègue, M. Duclaud, qui peut rendre le même témoignage que moi, car c'est lui qui a rédigé le rapport.

M. des Rotours, *montrant un document*. — Voici la motion du Conseil général de la Charente-Inférieure.

M. Ganivet. — Je ne conteste pas; je ne parle pas

de ce qui a pu se passer dans la Charente-Inférieure. Je l'ignore. Je ne parle que de mon département.

M. LE PRÉSIDENT. — Vous êtes inscrit, monsieur des Rotours ; n'interrompez pas, vous parlerez à votre tour.

M. GANIVET. — J'aurais le droit, d'ailleurs, de contester la délibération du Conseil général de la Charente-Inférieure, auquel je n'appartiens pas, puisque l'honorable M. Devès, tout à l'heure, se reconnaissait le droit de contester la délibération du Conseil général du département de l'Hérault auquel il appartient (On rit).

M. PAUL DEVÈS. — Mais vous avez commencé par vous couvrir de la délibération de votre propre Conseil général...

M. LE PRÉSIDENT. — Messieurs. je vous invite à ne pas interrompre ; vous avez apporté vos arguments, on y répond ; vos interruptions ne font qu'arrêter la discussion.

M. GANIVET. — Je dis donc que le projet de loi ne ferait que légitimer et encourager un fraude qui a déjà été frappée de peine correctionnelle par la jurisprudence.

Quand une loi doit produire un pareil résultat, je n'hésite pas à dire que cette loi, même provisoire et temporaire, devient une loi immorale, parce que la loi doit, autant que possible, opposer une barrière absolue à toutes les fraudes, d'où qu'elles viennent. (Très bien ! sur divers bancs.)

Il y a même un autre point de vue où je trouve encore une immoralité dans le principe de la loi. Ce n'est pas d'aujourd'hui que M. le ministre des Finances nous a proposé le vinage à prix réduit. J'ai eu l'occasion de rappeler tout à l'heure qu'en 1875 — et les honorables orateurs qui m'ont précédé à la tribune l'ont rappelé comme moi — M. Léon Say, qui était le ministre des Finances d'alors, a proposé une loi analogue à celle-ci. Seulement, au lieu d'un impôt de 20 francs par hectolitre, il demandait, avec l'approbation des fabricants d'alcool du Nord, un droit de 30 francs.

J'ai conservé l'exposé des motifs de ce projet de loi ; il y a dans cet exposé un passage qui me paraît de nature à frapper vos esprits ; j'y lis, en effet, parmi les conséquences qui seront le résultat du dégrèvement accordé au vinage, cette observation émanant du ministre des Finances :

« Soit une quantité de 2,750,000 hectolitres de vins plats du Midi, d'une force naturelle de 7° 5, contenant 206,250 hectolitres d'alcool pur, sur laquelle on verse 250,000 hectolitres d'alcool à 97° 5, soit 243,750 hectolitres d'alcool pur.

« On obtiendra ainsi une quantité de vin de 3,000,000 d'hectolitres à 15 degrés, contenant 450,000 hectolitres d'alcool pur.

« Si l'on mélange ces 3,000,000 d'hectolitres de vin alcoolisé avec 2,800,000 hectolitres de vins acides du Centre à 7° 5, contenant 210,000 hectolitres d'alcool, on obtiendra une masse de 5,800,000 hectolitres de vin à 11° 38, contenant 660,000 hectolitres d'alcool.

« Après ce mélange, ces vins pourront encore supporter une addition de 2,450,000 hectolitres d'eau, et le produit de cette opération permettra de livrer à la consommation 8,250,000 hectolitres de vin d'une force moyenne de 8 degrés ». (Mouvements divers.)

Tant qu'il ne s'agit que de mêler les vins du Midi aux vins du Centre dans des proportions plus ou moins favorables, je n'ai pas à réclamer à cet égard; ce sont toujours des vins mélangés, chacun apportant sa qualité, son caractère naturel et distinct, le tout pouvant produire un vin véritable. Mais quand ce mélange est fait avec de l'alcool, quelle est la perspective que nous donne M. le ministre des Finances ? Vous y ajouterez, dit-il, 2,800,000 hectolitres d'eau, et vous aurez 2,800,000 hectolitres de vin de plus ! C'est-à-dire que ces 2,800,000 hectolitres de vin, s'ils sont expédiés chez le consommateur, vont être soumis au droit de circulation, et que, s'ils entrent chez le débitant, ils vont être soumis au droit de vente au détail et de consommation. Et la conséquence, c'est que l'administration des contributions indirectes, se trouvera percevoir sur une quantité de 2,800,000 hectolitres d'eau, des droits qui ne devraient atteindre que le vin. Est-ce moral ?

Je crois qu'il suffit d'indiquer le résultat que signalait ainsi M. le ministre des Finances en 1875, pour démontrer d'une manière péremptoire, que le projet de loi ne peut conduire qu'à la fraude et à l'immoralité. (Très bien ! très bien ! sur divers bancs !)

Je sais bien—et, sans doute, c'est ce qu'on me répondra — que les vins dont M. le ministre parle dans cette note de 1875, sont des vins qui sont particulièrement

destinés à la ville de Paris, parce que c'est là qu'abou-
tissent en général tous les vins qui viennnent du Midi ;
mais alors que faites-vous ? Ces vins arriveront à
Paris, non pas additionnés de leurs 2,800,000 hectolitres d'eau ; l'addition ne se fera que lorsque le vin,
ayant franchi les barrières, aura pénétré dans la cave
du détaillant ou du consommateur, et alors vous frus-
trez la ville de Paris des droits qu'elle percevrait si
l'on n'y importait que des vins non susceptibles de ce
dédoublement frauduleux ; vous accordez un bénéfice
à celui qui trompe le consommateur. De telle sorte
que, de quelque côté qu'on se tourne, il y aura ou un
bénéfice sur l'eau au profit du Trésor ou un préjudice
pour la ville de Paris. (C'est cela ! très bien ! sur divers
bancs.)

Voilà l'économie de la loi.

Je vous demande si c'est là ce caractère de moralité
qu'on devrait retrouver partout et surtout dans nos
lois fiscales. Pour moi, je n'y vois qu'une prime et un
encouragement à la fraude.

Enfin, il y a une considération qui a été invoquée
par l'honorable M. David et que je veux rappeler en
terminant : la viticulture traverse des épreuves
terribles, elle a besoin d'être encouragée ; là où le
phylloxéra étend ses ravages, il ne faut pas désespérer
le viticulteur ; il faut, au contraire, l'engager à faire,
pour lutter contre le fléau, des plantations qui lui
permettent d'attendre un avenir meilleur. Or, avec
votre loi, qu'est-ce que vous faites ? Vous le décou-
ragez ! (Mouvements divers.) Vous lui ôtez les béné-

fices que peut lui promettre la plantation de la vigne.

M. Fauré. — On le ruine!

M. Ganivet. — Il verra dans l'avenir, alors que la fraude se sera installée partout sous la protection de la législation fiscale, qu'il aura fait des frais considérables pour planter des vignes et qu'il ne pourra pas écouler ses produits, qu'il aura à lutter contre une concurrence impossible à soutenir, et que la betterave du Nord et les raisins secs de l'Asie, avec les quelques vignobles qui survivront dans le Midi, viendront fournir amplement l'alimentation française de produits mauvais, dénaturés, mais auxquels vous aurez forcé le consommateur de s'accoutumer, au détriment de la santé publique. Voilà le résultat auquel vous aboutirez.

Il faut, je le répète, et c'est par là que je termine, il faut sauvegarder la moralité dans les relations commerciales comme dans le régime fiscal, et surtout ne pas décourager le viticulteur, qui travaille, non pas pour l'époque actuelle, mais pour l'avenir du pays. (Applaudissements sur plusieurs bancs.)

N° 7.

RÉUNION DE VARS (1880).

Discours prononcé par M. GANIVET, *le 12 novembre
1880, à la réunion organisée par les électeurs
bonapartistes de la commune de Vars.*

———

Messieurs,

Vous me permettrez d'ouvrir cette réunion en vous
adressant un conseil ou une recommandation, qui, j'en
suis persuadé, sera bien accueillie de vous tous. Je
n'en veux d'autres témoignages que les vives sympathies dont vous nous avez déjà donné tant de preuves
aujourd'hui.

Je vous demande, messieurs, d'éviter toute manifestation qui pourrait exciter les susceptibilités de
l'autorité. N'oublions pas que nous sommes tous ici
des hommes d'ordre, et qu'à ce titre nous devons nous
montrer particulièrement respectueux des lois. (Cris
nombreux : Oui, oui, et applaudissements.)

C'est une bonne fortune pour moi, messieurs, d'être
au milieu de cette imposante réunion où j'aperçois
tant de figures amies. J'y trouve, en effet, la première
occasion de rendre compte, en quelques mots, devant

un groupe considérable d'électeurs, du mandat dont ils m'ont honoré depuis dix années ; je saisis cette occasion avec bonheur et empressement.

En m'envoyant siéger à l'Assemblée nationale d'abord, et ensuite aux Chambres des députés de 1876 et 1877, vous m'aviez donné le double mandat de vous représenter, au point de vue politique, et de défendre vos intérêts généraux.

En politique, je me suis toujours inspiré du principe de 1789 sur la souveraineté nationale. J'ai toujours cru que le peuple seul a le droit et le pouvoir de choisir son gouvernement. Aussi, messieurs, ai-je été un des premiers à faire partie du groupe de l'Appel au peuple, résolu que j'étais, comme je le suis encore, à obéir à la volonté nationale librement et directement exprimée. (Bravos prolongés.)

Quand j'ai été appelé à émettre mon avis sur la Constitution, j'ai demandé l'appel au peuple, et j'ai voté contre cette Constitution parce qu'elle ne reconnaissait pas votre droit souverain de choisir vous-mêmes le gouvernement. (Applaudissements répétés. — Vive M. Ganivet !)

Je n'ai pas varié, messieurs, dans mes convictions. M'inspirant toujours de vos sentiments, qui me sont bien connus, j'ai suivi, depuis cette époque, la même ligne politique (Nous aussi, nous aussi) et tous mes votes ont été conformes à notre doctrine démocratique de l'appel au peuple. (Applaudissements et bravos).

Quant à la défense de vos intérêts, j'y ai consacré mon zèle et mon activité, notamment dans les nombreuses questions d'impôts qui ont été agitées depuis dix ans. Je ne vous les rappellerai pas ici ; le détail en serait long. Mais qu'il me soit permis de dire qu'une des plus grandes satisfactions de ma vie parlementaire a été de contribuer à vous délivrer d'une loi odieuse, qui menaçait tous vos domiciles. (Cris prolongés de : Vive M. Ganivet, vive notre défenseur.)

Voilà, messieurs, le compte rendu sommaire et sincère de ma conduite au Parlement. Ai-je répondu à la confiance que vous m'aviez accordée ? Permettez à mon amour-propre de le croire, car mes diverses réélections ont montré qu'il y a entre nous une parfaite communauté de sentiments (Oui ! oui ! oui !) et ma reconnaissance ne saurait l'oublier. (Nous non plus.)

Parlons maintenant, messieurs, de notre situation politique.

Le parti impérialiste est vivement attaqué par ses adversaires, qui, cherchant à se faire illusion, ne cessent de répéter, dans leurs journaux, que c'est un parti divisé et éteint.

La division dont ils cherchent à faire grand bruit n'existe pas et ne peut pas exister sérieusement. Sans doute, il peut y avoir des divergences d'opinion sur les voies à suivre pour arriver au but : l'Appel au peuple. Les uns pensent qu'il faut incliner à gauche, d'autres croient qu'il vaut mieux incliner à droite.

Ces différences d'appréciation n'ont rien qui doive vous préoccuper. Elles sont naturelles aux hommes, et le parti républicain s'est chargé depuis longtemps de nous en fournir la preuve, par les divisions profondes qui séparent et agitent les centre-gauchers, les opportunistes, les radicaux, les intransigeants, etc. (Très bien ! très bien !)

L'accord n'existe pas moins sur les principes, et, vienne le jour où l'on fera enfin l'appel au peuple que vous attendez et désirez, vous verrez tous les impérialistes réunis autour du même drapeau et du même chef. (Oui ! oui !)

Quant à nous, messieurs, ne nous laissons pas intimider par de vaines déclamations, et restant dans la ligne droite, sans incliner ni à droite ni à gauche, ayons toujours les yeux fixés sur le but à atteindre. (Applaudissements).

Le parti impérialiste n'est pas éteint, comme ses adversaires se plaisent à le répéter. Cette réunion n'est-elle pas un témoignage éclatant de sa vitalité ? N'y aurait-il pas de quoi en convaincre tous les républicains, s'ils pouvaient ici vous voir et vous entendre ? (Bravos !)

Je dirai même que le parti impérialiste ne peut pas disparaître, parce qu'il représente un principe, celui de la souveraineté nationale par l'appel au peuple, qui est profondément gravé dans tous les esprits. Qu'y a-t-il en effet devant lui pour lui barrer le chemin et le réduire au silence de la mort ?

D'un côté, je vois un parti composé d'hommes qui croient que des traditions peuvent avoir la puissance de la souveraineté nationale, sans la consulter. Mais vous, vous n'en croyez rien. (Oh ! non).

De l'autre côté, je vois le parti républicain qui parle

bien du suffrage universel et de la souveraineté du peuple, et qui, cependant, a toujours refusé de consulter la nation. Il vous trouve bien capables de voter pour des députés dans les mains de qui vous abdiqueriez, et qui ne tiennent pas toujours leurs promesses ; et il trouve que vous n'avez pas l'intelligence nécessaire pour dire quel est le gouvernement que vous préférez. Certes, il ne vous a pas convaincus que le peuple ait ce défaut d'intelligence. (Cris : jamais, jamais).

Le parti impérialiste a donc sa raison d'être et de vivre en présence de ces deux partis adverses, qui refusent ainsi au peuple la satisfaction due à ses droits et à sa puissance.

Je sais, messieurs, que le parti républicain a la prétention de donner au pays bien des satisfactions, et qu'il l'a promis depuis bien longtemps. Mais a-t-il tenu ses promesses et a-t-il répandu ces flots de prospérité et de bien-être annoncés si pompeusement ? Je pourrais à ce sujet m'en référer à l'opinion des diverses nuances qui le composent, où j'entends les uns dire oui, et les autres dire non. J'aime mieux vous laisser à chacun le soin de juger la question. (Applaudissements).

Quand les républicains attaquaient l'Empire, vers 1869, ils avaient un programme qu'ils présentaient partout. Ils criaient au despotisme et ils demandaient des libertés qu'ils appelaient même nécessaires.

Je vous demande en passant si, sous l'Empire, vous vous êtes trouvés gênés dans votre liberté. (Cris de toutes parts : Jamais ! jamais !) Sans doute la liberté était alors contenue par des lois ; mais ces lois assuraient à tous une égale protection et la sécurité du lendemain. (Bravos).

La République, en s'installant, devait donc donner à toutes les libertés un essor puissant; et on devait s'attendre à voir disparaître toutes les lois despotiques de l'Empire. Eh bien ! messieurs, aucune de ces lois n'a été abrogée ; ce sont elles qui servent toujours au gouvernement de la république, et s'il y a été introduit quelques modifications, certains républicains prétendent même que cela a été pour les aggraver. Je ne fais que rappeler leur opinion. (Très bien ! très bien).

Passons en revue quelques unes des libertés promises.

Au premier rang, figurait la liberté de la presse qu'on voulait absolue. La loi de 1852 subsiste toujours. On en a promis une nouvelle, qui se fait attendre inutilement depuis plusieurs années, et dont l'enfantement sera longtemps problématique. Et j'ajoute que l'Empire eût soulevé bien des cris d'indignation, s'il s'était permis de faire chaque année autant de procès de presse qu'on en voit aujourd'hui, dans l'espace d'une semaine ou d'un mois.

La liberté de réunion devait aussi avoir toutes ses franchises. Pour celle-là, on a fait une loi, il est vrai ; mais un républicain avéré, M. Clémenceau, a prétendu que la loi nouvelle est une aggravation de celle de l'Empire.

La liberté d'association était considérée par les républicains comme étant aussi nécessaire qu'urgente. Une loi est encore à faire. La fera-t-on ? Les portes qu'on brise en ce moment me portent à croire qu'on n'est pas pressé. (Bravos et applaudissements).

La liberté d'enseignement avait été fondée par une république, celle de 1848. L'Empire, la trouvant établie, l'avait respectée. Vous n'avez pas oublié, messieurs, comment on voulait la traiter, l'année dernière, à l'aide d'un certain article 7, qui a sombré devant les protestations de tout le pays. Et qui sait si aujourd'hui on ne cherche pas à rattraper cet article 7 à l'aide d'interprétations au moins douteuses. (Très bien) !

La liberté électorale devait être assurée partout. On accusait l'Empire de l'avoir méconnue à l'aide des candidatures officielles. Or, je vous le demande à tous : avez-vous alors connu quelqu'un qui n'ait pas exercé son droit de vote en parfaite liberté ? A qui a-t-on arraché un suffrage par intimidation, promesses ou autrement ? (Cris de tous les côtés : Jamais à personne.)

L'Empire, messieurs, a pratiqué la candidature officielle au grand jour, sans rien dissimuler. Aujourd'hui que se passe-t-il ? Je sais bien qu'on nie qu'elle existe. Mais quand je recueille des renseignements auprès des hommes que leur situation met en relations avec les chefs de l'administration, j'apprends comme vous que, dans le silence du cabinet, on sait bien ne pas épargner certaines recommandations. Qu'est-ce donc que cela, si ce n'est de la candidature officielle, qui, au lieu de se révéler à ciel ouvert, passe par des voies souterraines ?

D'ailleurs, comment expliquerait-on autrement ces

révocations de petits fonctionnaires, à qui on ne pourrait reprocher un acte ou une parole hostile à l'administration, si ce n'était pour préparer la voie aux candidatures que l'on veut patronner?

Sur ce terrain de la liberté électorale, je pourrais vous rappeler encore le cas que la majorité de la Chambre a fait, l'année dernière, des élus du suffrage universel. Mais vous n'avez certes pas perdu le souvenir des innombrables invalidations prononcées. (Applaudissements.)

Une autre liberté, messieurs, était aussi bien ardemment réclamée. C'était la liberté communale ; les républicains manifestaient alors une profonde horreur pour les commissions municipales. La loi est encore à faire. La fera-t-on ?

Sans doute, aujourd'hui, les maires des communes rurales sont élus par les conseils municipaux. L'Empire les nommait lui-même, mais il les choisissait parmi les conseillers élus du suffrage universel, et ses choix étaient tels que ces maires se voyaient toujours réélus, lors du renouvellement du conseil. L'administration alors s'inspirait donc bien du sentiment des populations.

En donnant aux conseils municipaux le droit d'élire leurs maires, on a voulu probablement assurer l'indépendance de ces magistrats. Et pourtant, que se passe-t-il ? Nous voyons fréquemment, et ce canton en a été témoin, des maires révoqués, des conseils dissous par l'administration. Si on en cherche les motifs, les arrêtés qui les frappent sont muets.

Ces conseils dissous ont eu le tort de renommer un maire malgré sa destitution. C'est un témoignage d'estime qu'ils ont voulu lui donner; on y voit un acte d'hostilité coupable, et on les brise. On constitue alors des commissions municipales, composées avec les hommes que les électeurs ont refusé d'élire conseillers municipaux ! Voilà, messieurs, comment aujourd'hui, l'administration pratique la liberté communale ! (Bravos et applaudissements prolongés.)

Tout dernièrement encore, nous avons vu suspendre ou révoquer plusieurs maires ou adjoints du canton de Lavalette. Quel crime avaient-ils commis ? Ah ! ils avaient assisté, comme spectateurs silencieux, à une réunion privée que l'administration déclarait être hostile au gouvernement. C'était, messieurs, une réunion où l'on parlait d'une liberté. (Rires et applaudissements.)

Vous voyez, messieurs, comment le parti républicain traite les libertés qu'il a si longtemps réclamées et promises. Qui croirait après cela que le mot de Liberté est le premier qu'il inscrive sur sa devise ?

Nous voyons en effet sur nos monuments publics cette inscription : Liberté, égalité, fraternité.

La liberté, nous savons comment on la pratique. L'égalité, on la respecte parce que nul ne permettrait qu'on y portât atteinte; et quand à la fraternité, nous la connaissons aussi par les dénonciations qui surgissent de tous côtés et que l'autorité administrative ne sait pas repousser avec dégoût. (Bravos ! bravos !)

Je pourrais, messieurs, m'étendre longuement

encore sur ces intéressants sujets de causerie. Mais je vois l'heure qui s'avance, et je veux céder la parole à mes honorables collègues. Je m'arrête donc, en vous remerciant de votre attention sympathique, et je termine par un seul mot, qui j'en suis sûr, sera entendu de tous : conservons nos convictions et nos espérances. (Applaudissements répétés et prolongés. Vive M. Ganivet ; Vive notre député.)

N° 8.

ORAISON FUNÈBRE DE M. JULES ANDRÉ.

Messieurs,

Le 28 novembre 1878, notre département recevait une nouvelle aussi douloureuse qu'imprévue : l'éminent M. André, sénateur, venait de mourir. Il était enlevé subitement à l'affection des siens et des populations qu'il avait si longtemps représentées et servies.

Cette année, à la même date anniversaire du 28 novembre, une nouvelle non moins douloureuse vient nous consterner. Son fils, Jules André, député de l'arrondissement de Barbezieux, est aussi enlevé à sa famille et à notre pays. La mort le frappe à trente et un ans, à l'âge où nous avions le droit d'espérer que ses services nous étaient assurés pour de longues années !

Cette coïncidence de dates malheureuses ne semble-t-elle pas marquée au coin de la fatalité ? Mais non. Nous savons que les arrêts de la Providence sont d'impénétrables mystères devant lesquels il faut nous incliner, ne laissant un libre cours qu'à nos regrets et à nos larmes.

Jules André était un de ces jeunes hommes qui,

n'obéissant jamais aux séductions d'une grande situation, comprennent qu'ils ont une mission à remplir dans la société. La forte et solide éducation qu'il avait reçue lui avait appris, de bonne heure, que le devoir consiste à travailler et à se rendre utile à son pays.

Placé sous la direction d'un père éminent, dont la longue carrière ne lui offrait que les plus nobles exemples, il s'était livré avec ardeur aux études les plus sérieuses. A peine avait-il atteint l'âge de majorité, qu'il obtenait son diplôme de licencié en droit et qu'aussitôt il se préparait aux luttes d'un concours important et difficile. Dans ce concours, brillamment soutenu, il conquérait, par son seul mérite, une honorable position à la cour des comptes, cette grande institution qui est chargée d'assurer la régularité dans les services financiers de l'Etat. Mais il ne devait pas conserver longtemps cette situation vaillamment conquise. Des nouveaux devoirs, inséparables de son nom, allaient s'imposer à son jeune dévouement et lui tracer une nouvelle carrière.

En 1877, les collèges électoraux étaient appelés à nommer une nouvelle Chambre des députés. A ce moment, Jules André venait d'accomplir sa vingt-cinquième année, qui le rendait éligible.

On savait ici, messieurs, comme dans tout le département, que M. André père, soit comme député, soit comme sénateur, n'avait jamais cessé, depuis vingt-huit ans, d'être l'homme du devoir, toujours dévoué aux intérêts du pays et inaccessible à une défaillance quelconque.

Les électeurs de l'arrondissement de Barbezieux comprirent qu'ils ne pouvaient mieux placer leur confiance, qu'en l'accordant au fils d'un tel père, à l'élève d'un tel maître. Le 14 octobre 1877, Jules André fut élu député. Il était alors le plus jeune membre de la Chambre.

J'ai été, messieurs, le témoin quotidien de ses débuts dans la vie parlementaire. Je puis attester qu'il y entra avec une parfaite maturité d'esprit, qui était le fruit de ses fortes études, aidées des excellents conseils de son père. Là, Jules André se fit distinguer par de précieuses qualités. La rectitude de son jugement, la modération de son caractère, son aménité, sa grande modestie lui attiraient l'estime de tous.

Ardent au travail, aucune question n'échappait à ses investigations : jamais il ne déposait un vote sur un article de loi, qu'il n'en eût préalablement étudié le principe, la portée et les conséquences.

Sa sollicitude pour les affaires qui lui étaient recommandées ne connaissait pas de limites. Chaque jour, on le voyait consacrer une consciencieuse activité à la nombreuse correspondance qu'il entretenait avec ses commettants. Elevé à bonne école, il avait profité des leçons et des exemples paternels. Il ne reculait jamais devant un devoir à accomplir.

Aussi, je puis dire aujourd'hui : que de services n'at-il pas rendus dans sa trop courte carrière !

Lorsque, il y a quelques années, j'adressai les derniers adieux à son regretté père, qui était mon ami, mon âge m'avait autorisé à donner quelques conseils

à Jules André : « Votre éminent père, lui disais-je,
« vous a montré la voie à suivre. Continuez de l'imi-
« ter comme vous le faites déjà, et la confiance du
« pays vous sera fidèle comme à lui-même. »

Cet avis, messieurs, il l'avait suivi, et il en avait vu
réaliser les prédictions.

En effet, le 21 août 1881, les électeurs renouvelaient
son mandat de député de Barbezieux, en lui donnant
un plus grand nombre de suffrages. Je connais assez
cette contrée pour affirmer qu'ils le lui auraient
encore renouvelé souvent dans l'avenir, si la mort,
qui l'a frappé dans la force de l'âge, n'était venue
changer en cruels regrets, les espérances qu'il avait
données.

Ce n'est pas seulement à l'occasion de la députa-
tion que les populations lui témoignèrent leur reconnaissance. Elles jugèrent que Jules André devait
avoir sa place dans toutes les assemblées, où l'on
délibère sur les affaires du département. En 1880, le
canton de Brossac l'envoya siéger au conseil général,
où il apporta, avec son dévouement, le concours de
son expérience jeune, mais déjà mûrie.

Jules André suivait, messieurs, les traditions si
honorables de son père, qui, au milieu des temps
agités des révolutions, n'a jamais renié aucune de
ses convictions politiques. Lui aussi, il a su demeurer
toujours fidèle à ses principes.

Quand il fut élu, il avait affirmé son dévouement à la
souveraineté nationale, se manifestant par l'appel au
peuple. Sa foi politique n'a subi aucune variation.

C'est ainsi qu'il appartient aux esprits éclairés, fermes et convaincus, de conserver leurs doctrines pures et intactes, et de suivre la ligne droite, sans aucune déviation. C'est le mérite des hommes honnêtes et vraiment politiques. Jules André possédait ce mérite, qui commande l'estime publique et qui l'a toujours obtenue.

Dans sa carrière, qui a été si courte, mais si bien remplie, le jeune député ne pouvait manquer de se faire des amis. Sa simplicité et sa bienveillance, la correction de son attitude le rendaient vraiment sympathique. Aussi ne serez-vous pas surpris de l'hommage public que M. le président actuel de la Chambre lui rendait l'autre jour, en annonçant à ses collègues cette mort si prématurée : « M. Jules André, « a t-il dit, était un de nos plus jeunes collègues, et « ceux qui pensent, comme moi, que l'intérêt de tous « les partis est dans la formation de jeunes générations « parlementaires, joindront les regrets que leur ins- « pire la perte de ce collègue studieux et courtois, à « ceux d'une famille, qui voit s'évanouir ses plus « chères espérances. »

Des marques générales d'assentiment ont accueilli ces paroles, vous portant ainsi la preuve, que sur tous les bancs de la Chambre, on appréciait et estimait le jeune et regretté député de Barbezieux.

Jules André, messieurs, a pu, comme tous ceux qui appartiennent à la vie publique, rencontrer des adversaires. Mais, personne ici ne me démentira, en m'entendant affirmer qu'il n'a pas trouvé d'ennemis. Les regrets unanimes qui lui survivent et la foule immense qui se presse autour de sa tombe m'en donnent le plus éclatant témoignage.

Je n'ai pas à faire ici, dans son pays d'affection, son éloge comme homme privé. Vous l'avez tous connu dans sa vie intime. Vous savez ce qu'ont été la fermeté et l'élévation de ses sentiments, en face de la mort qu'il voyait approcher.

Je ne répéterai, messieurs, qu'une de ses dernières paroles, parce qu'elle s'adresse à tous ceux qui sont ici réunis, ou qui, éloignés, conserveront sa mémoire : « Dites à mes amis qu'ils ont une de mes dernières et « plus chères pensées ; je compte sur leur affection et « sur leur souvenir. » Cette pensée de dernière heure dit assez haut ce que valait le cœur de celui que nous pleurons.

A côté du deuil public, dont nous recueillons les échos, il y a, messieurs, des douleurs bien aiguës, devant lesquelles nous nous inclinons avec le plus sympathique respect.

La famille André était au complet, il y a peu d'années. On était heureux de voir et son union et son bonheur. Ses joies intérieures semblaient alors avoir devant elles toute une période d'avenir.

Hélas ! qu'a-t-il été, cet avenir ? En cinq ans, père, mère, aïeux, la mort les a fauchés impitoyablement. Les deuils se succédaient avec une rapidité effrayante. Jules André, sa sœur et son beau-frère restaient seuls, unis par la plus tendre affection, affection qui avait été la consolation de leurs parents mourants, et que leur malheur commun avait rendue plus étroite encore.

Depuis le jour où Jules André fut atteint de la longue et cruelle maladie qui vient de nous l'enlever, nous avons tous été les témoins de cette touchante et parfaite union entre le frère, la sœur et le beau-frère. Ah ! qu'ils ont été empressés, tendres et dévoués les soins fraternels donnés chaque jour à ce cher mourant.

Aujourd'hui, messieurs, le frère bien-aimé n'existe plus ! La sœur, le beau-frère si dévoués, une tante vénérable, qui n'ont pu l'arracher à la mort, succombent sous la douleur. Ah ! nous la partageons, cette douleur.

Pauvre jeune homme, ami trop tôt brisé, qui pourrait en effet lui refuser ses larmes ! Sa jeunesse, sa vie, son avenir sont désormais dévorés par la tombe, et il ne reste plus que le silence de la mort !

Mais que les siens désolés, que ses nombreux amis, à cette heure suprême, où tout pour l'homme disparaît devant Dieu, se souviennent, avec un grand poète,

Qu'on trouve l'espérance à côté de la mort.

Nº 9.

CONSEIL GÉNÉRAL DE LA CHARENTE.

Extrait du compte-rendu analytique de la séance du 7 janvier 1888. Chemin de fer de Ribérac à Montmoreau.

M. Ganivet déclare que la voie normale de 1^m44 s'impose fatalement, à raison même de la longueur du parcours, pour les lignes d'intérêt général ; la voie étroite ne doit être employée que pour les chemins de fer exclusivement d'intérêt local. Il constate d'ailleurs avec M. Planat, que la question relativement au chemin de fer de Ribérac à Montmoreau a été résolue par une loi, et que la loi doit être respectée. Il y a lieu d'en poursuivre l'exécution et de protester énergiquement à l'égard des tentatives réitérées du département de la Dordogne contre les droits acquis légitimement et légalement par la Charente.

On peut être étonné de la persistance dont le département de la Dordogne fait preuve en cette affaire et, quand on sonde un peu la question, quand on aperçoit, à certains passages de la brochure qui a été distribuée au Conseil général, l'intérêt que peut avoir le département de la Dordogne, dans la proposition qu'il fait au gouvernement, on est obligé de reconnaître qu'il s'agit particulièrement d'une rentrée de fonds. Ce département s'est montré très empressé à faire des offres de concours à l'Etat. Après la loi, qui classait un grand nombre de lignes, il a été décidé que l'exécution de ces chemins ne serait entreprise que moyennant des offres de concours à faire par les départements intéressés. Le département de la Dordogne, déjà bien doté en fait de voies ferrées et encore mieux partagé sous le rapport des lignes nouvellement classées, confiant dans la promesse contenue dans la loi, n'hésita pas à s'imposer des charges considérables, dans l'espoir d'arriver à faire exécuter ses chemins avant tous les autres. Les engagements pris par ce département envers l'Etat, sous la forme d'offres de concours, s'élevaient à la somme de 6,425,000 francs, soit une subvention de 25,000 francs par kilomètre pour 249 kilomètres.

Que demande le département de la Dordogne aujourd'hui ? Il a offert à l'Etat une subvention de 25,000 francs par kilomètre pour exécuter 249 kilomètres de chemin de fer à voie large ; il lui propose actuellement de construire un chemin à voie étroite, système plus rapide et moins coûteux, en remboursant au département 14,000 francs par kilomètre. Il résulte, en effet, des délibérations du Conseil général de la Dordogne que ce département a déjà versé, sur la subvention promise par lui, une somme de 5,800,000 francs et n'aurait plus à payer que 425,000 francs. Si, par suite de l'économie résultant de la substitution de la voie étroite à la voie normale, l'Etat restitue au département

14,000 francs par kilomètre, la Dordogne aurait à récupérer ainsi une somme supérieure à 2,900,000 francs.

Tel est le véritable nœud de la question. Ce département a fait des offres d'argent considérables pour obtenir immédiatement l'exécution de ses chemins classés, et aujourd'hui, il demande la restitution d'une somme de 2,900,000 francs pour arriver plus vite encore à cette exécution. Voilà tout l'intérêt de la Dordogne à avoir des chemins de fer à voie étroite.

A cette question de pur intérêt pécuniaire on a soudé une proposition, contre laquelle le département de la Charente se débat depuis longtemps : le changement du tracé du chemin de fer de Ribérac à Montmoreau. Au lieu de venir de Bourg-du-Bost à Montmoreau, abandonnant complètement le territoire de la Charente, la ligne, passant alors uniquement sur le territoire de la Dordogne, irait de Bourg-du-Bost à la ligne de Bordeaux par Saint-Aulnoye et Parcoul ; c'est-à-dire qu'au lieu d'un chemin aboutissant directement à la ligne de Bordeaux à Montmoreau, de façon à desservir également le côté d'Angoulême et le côté de Bordeaux, la ligne rejoindrait, sous un angle très aigu, le chemin de fer de Bordeaux au delà de Parcoul, de telle sorte que les communications sur Angoulême seraient rendues presque impossibles.

Les partisans de ce nouveau tracé voudraient bien faire croire que la ligne inclinerait ensuite vers Chalais. Ce n'est pas exact, et il suffit de se reporter à la carte de l'état-major pour constater qu'en passant par Parcoul, la ligne aboutirait à plus de huit kilomètres au-delà de Chalais et qu'on ne ferait certainement pas en cet endroit une pointe pour ramener le tracé jusque vers Chalais. En réalité, il s'agit donc d'un chemin qui se dirigerait vers Bordeaux en passant bien au delà de Chalais.

L'orateur constate qu'à plusieurs reprises déjà le débat s'est élevé sur ce point, et que chaque fois il a exprimé l'avis que, si la question était restée entière, si elle n'avait pas été tranchée par des documents législatifs, la ligne ne devrait aller ni à Montmoreau ni à Chalais ou au-delà, mais passer entre ces deux localités. Or, telle n'est plus la situation ; la question a été tranchée et c'est ce qu'il convient de rappeler en citant les faits qui se sont passés et les dates.

Le chemin de fer de Ribérac à Montmoreau a été décrété d'utilité publique par la loi du 31 décembre 1875. Trois mois après la promulgation de cette loi, le 28 mars 1876, une décision ministérielle prescrivit les études. Par une délibération, qui porte la date du 26 août 1876, le Conseil général de la Charente vota une subvention de 10,000 francs par kilomètre. Plus tard cette subvention a été portée à 15,000 francs. Ce vote de 10,000 francs par kilomètre fut porté à la connaissance du ministre des Travaux publics. Il ne répondit pas immédiatement, mais'il approuva le tracé, le tracé primitif entre Ribérac et Montmoreau, par une décision en date du 30 janvier 1877. L'offre de subvention du département n'était pas encore acceptée. Les études du projet approuvé par le ministre ont été dirigées par

M. Fargaudie, alors ingénieur en chef en Dordogne, aujourd'hui inspecteur général des ponts et chaussées. Chose singulière — ce renseignement résulte d'un rapport officiel fait devant la Chambre des députés — le même M. Fargaudie, alors ingénieur en chef, ne tarda pas à trouver défectueux le tracé qu'il avait fait adopter par M. le ministre et sollicita l'autorisation d'en étudier un nouveau, allant du côté de Parcoul, au-delà de Chalais. Le 16 octobre 1877, la date est importante, M. Fargaudie demandait cette autorisation au ministre. A cette époque on était en pleine période électorale, et cette situation a été, dit-on, pour beaucoup dans le changement d'opinion de M. l'ingénieur en chef Fargaudie.

L'autorisation demandée fut accordée — jamais ces autorisations ne se refusent — et quelques mois après, le 9 avril 1878, M. le ministre notifiait au département de la Charente qu'il acceptait la subvention de 10,000 francs par kilomètre, votée par le Conseil général, le 26 août 1876, pour le chemin de fer aboutissant à Montmoreau. Ainsi, bien qu'il eût autorisé M. Fargaudie à faire des études sur Parcoul, M. le ministre condamnait en principe ces études, puisque, par sa décision d'avril 1878, il acceptait la subvention votée pour le tracé allant à Montmoreau. A partir de ce jour, un contrat était intervenu entre M. le ministre des Travaux publics et le département de la Charente, et ce contrat a toujours été fidèlement observé.

Malgré la décision ministérielle du 9 avril 1878, le Conseil général de la Dordogne ne se découragea pas.

Le 11 avril 1878, dès que ce Conseil général, toujours bien informé, eut connaissance de la décision prise par M. le ministre en faveur de la Charente, il émit sur la proposition de l'un de ses membres, M. de Fourtou, un vœu en faveur du tracé par Parcoul, tracé qui avait été étudié pendant la période électorale.

Le Conseil général de la Charente, informé, proteste énergiquement, dans sa séance du 28 août 1878. Le lendemain, 29 août, le Conseil général de la Dordogne, averti de la protestation de la Charente, renouvelle ses déclarations et insiste de nouveau sur la direction par Parcoul. Le 30 décembre 1878, M. le ministre des Travaux publics, connaissant alors et les protestations de la Charente, et les sollicitations de la Dordogne, et les études faites par les ingénieurs, informe M. le préfet de la Charente qu'il rejette définitivement le tracé sur Parcoul. Le chemin, dit M. le ministre dans une dépêche qui a été communiquée officiellement au Conseil général, sera exécuté « tel qu'il a été déterminé par la loi du 31 décembre 1875 » c'est-à-dire sur Montmoreau.

L'année suivante, le 19 mai 1879, M. le ministre des Travaux publics présente aux Chambres un projet de loi à l'effet d'être autorisé à exécuter la superstructure de diverses lignes, parmi lesquelles figurait le chemin de Ribérac à Montmoreau, avec sa longueur totale fixée par les études à 54 kilomètres et à voie normale. A peine le projet de loi est-il imprimé et distribué à messieurs les députés, qu'une proposition de loi, demandant le tracé de Bourg-du-Bost sur Parcoul, est déposée, le 29 mai 1879, par messieurs les députés de la Dordogne, auxquels s'était joint l'honorable M. Trarieux, alors député de la Gironde. L'orateur constate avec plaisir que M. Trarieux est revenu sur l'opinion qu'il manifestait ainsi en 1879.

M. MARROT fait observer qu'il y a longtemps qu'il est revenu sur cette première opinion.

M. GANIVET répond qu'il allait le dire. Cette proposition de loi est soumise à la prise en considération. La commission d'initiative, qui était présidée par un député de la Dordogne et qui avait nommé comme rapporteur un député de la Dordogne, concluait à la prise en considération. Le ministre des Travaux publics d'alors déclara que, tout en ne voulant pas s'opposer à la prise en considération, il faisait toutes ses réserves, n'entendant pas considérer ce vote comme un préjugé en faveur de la substitution du tracé sur Parcoul au tracé sur Montmoreau. La prise en considération fut votée dans ces conditions et elle n'a été suivie d'aucun effet. Néanmoins, quelques jours plus tard, la Chambre votait sans discussion la loi qui autorisait le ministre des Travaux publics à entreprendre la superstructure avec voie normale, des lignes comprises dans le projet de loi du 29 mai 1879. Ainsi, malgré la prise en considération d'une proposition de loi, qui était la négation du tracé de Montmoreau, la Chambre décidait cependant, le 31 juillet 1879, quelques jours après, que le chemin allant à Montmoreau serait exécuté et à voix normale.

Les travaux n'ont pas marché rapidement. Le rap-

port officiel, présenté au Conseil général à la session
d'août 1879, annonçait cependant que l'on travaillait
activement au tracé définitif de la ligne entre Bourg-
du-Bost et Montmoreau. C'était l'exécution de la loi du
31 juillet 1879 ; c'était aussi l'exécution du contrat
intervenu entre le département et le ministre des Travaux publics par l'acceptation des offres de concours
du département de la Charente. Cependant, si l'on travaillait activement, les études n'avançaient guère, car
c'est à peine si elles sont achevées aujourd'hui.

En 1880, les députés de la Dordogne, nullement
découragés par les échecs qu'ils avaient éprouvés,
présentèrent une nouvelle proposition de loi. Elle ne
put être rapportée avant la fin de la législature. Le
16 février 1882, nouvelle proposition de loi déposée par
les députés de la Dordogne, demandant que le chemin
de fer soit dirigé sur Parcoul. Cette fois, la commission
d'initiative n'était plus présidée par un député de la
Dordogne ; le rapporteur ne fut plus un député de la
Dordogne ; elle était présidée par l'honorable M. Buyat,
qui fut chargé de rédiger le rapport. L'honorable
M. Buyat conclut à la non prise en considération. Son
rapport vint en discussion devant la Chambre, le
21 juin 1883, et il donna lieu à un assez long débat,
auquel M. Marrot prit part. La Chambre, parfaitement
éclairée par une discussion qui lui fit connaître les
prétentions respectives des deux départements de la
Dordogne et de la Charente, refusa de prendre la proposition en considération.

En 1885, le gouvernement déposa un projet de loi

dans le but de faire entrer certaines lignes dans les 400 kilomètres réservés à la compagnie d'Orléans ; parmi ces lignes, figurait le chemin de Ribérac à Montmoreau, toujours avec voie normale. C'était, de la part du gouvernement, une nouvelle exécution du contrat intervenu avec la Charente. Malheureusement, ce projet de loi, accepté par la Chambre, a été modifié par le Sénat ; il est revenu devant la Chambre, où il dort depuis dans les cartons, attendant une solution.

M. Marrot fait observer que les députés de la Dordogne renouvelèrent leur proposition en 1881, en ne se bornant pas à demander le changement de direction sur Parcoul, mais en proposant, en outre, de construire la ligne à voie étroite. Leur proposition fut encore repoussée.

M. Ganivet s'étonne que, devant une situation aussi nettement établie, le département de la Dordogne vienne aujourd'hui demander au gouvernement de changer tout ce qui a été fait et décidé, de revenir sur les lois de 1875, 1879, 1883 et 1885, et aussi sur les engagements qu'il a pris, lui, département de la Dordogne. Véritablement, si une pareille prétention pouvait aboutir au résultat visé, il faudrait avouer que les lois n'ont plus aucune autorité, qu'on les fait et défait à plaisir, et que c'est folie de croire aux promesses qu'elles contiennent.

L'orateur est d'avis qu'il convient de rappeler au gouvernement que, par plusieurs lois déjà, la question des chemins de fer de Montmoreau a été tranchée ; que plusieurs ministres ont accepté les subventions votées par la Charente et ont approuvé les études définitives ; qu'en un mot, il y a exécution de l'engagement pris, exécution non seulement par les actes intervenus entre le ministère et l'administration départementale, mais même sur le terrain. En effet, le terrain a été jalonné et même rigolé, de manière à déterminer les emprises de la ligne ; quelques transactions ont été négociées avec les propriétaires intéressés.

Dans ces conditions, est-il possible que le gouvernement se prête au désir du département de la Dordogne, méconnaisse ainsi l'autorité des lois rendues et des engagements pris ? La bonne foi doit présider aux actes du gouvernement, et il n'est pas douteux que, lorsque M. le ministre des Travaux publics se remémorera les textes de loi, les dates qui viennent d'être rappelés, ainsi que les promesses qui ont été faites, il reconnaîtra que le département de la Charente a raison.

N° 10.

CHAMBRE DES DÉPUTÉS.

Discours prononcé par M. GANIVET *à la séance du 15 mars 1888, contre l'augmentation du droit sur l'alcool.*

—

M. GANIVET. — Messieurs, les observations qui viennent d'être apportées par M. le directeur général des contributions indirectes, se rapportent uniquement aux intérêts de la régie et du fisc. Je désire après lui, examiner le paragraphe 3 de l'article 1er de la commission, mais au point de vue des intérêts de tous les commerçants.

M. LE COMTE DE LANJUINAIS. — Très bien !

M. GANIVET. — Hier, par le vote du paragraphe 2, on a sacrifié, permettez-moi de le dire, les droits et les intérêts de la propriété ; je demande qu'au moins, on ne sacrifie pas complètement, par le paragraphe 3, les intérêts et l'existence du commerce.

Il y a, dans le paragraphe 3, comme le disait M. le directeur général, deux ordres d'idées complètement différents. Il y a le taux de l'impôt à appliquer à l'alcool et ensuite le mode de perception. Eh bien ! ces deux ordres d'idées, tels qu'ils sont présentés dans ce paragraphe 3, sont également nuisibles au commerce.

La commission du budget a considéré que l'alcool était une matière imposable, à laquelle on pouvait demander des ressources infinies, et que, pour cela, il suffisait de dire : la taxe est à 156 fr., élevons-là à 200 fr., et nous porterons les recettes à un chiffre supérieur de 30 p. 100. C'est le point de vue auquel s'est placée la commission pour nous proposer ce chiffre de 200 fr., qui n'est appuyé d'aucune justification.

Pour moi, je crois qu'il y a certaines limites, en matière d'impôt, qu'on ne peut pas dépasser sans compromettre les recettes du Trésor. Lorsqu'une matière imposable est frappée d'une taxe, qui en représente trois fois la valeur, je crois qu'il est dangereux de tenter une nouvelle augmentation de cette taxe, de manière à la rendre quatre fois supérieure à la valeur de la matière elle-même. (Très bien ! très bien ! à droite.)

Ce n'est qu'à la condition que les produits imposés puissent être vendus par le commerce à un bon marché relatif, que la consommation se développe et qu'on arrive à un accroissement des recettes du Trésor.

Eh bien ! je vous demande à tous : croyez-vous sincèrement que l'alcool, frappé actuellement de 156 fr. 25 par hectolitre, n'est pas suffisamment chargé ? Je demande à tous ceux qui ont des rapports avec les négociants en eaux-de-vie s'ils en ont rencontré qui ne se plaignissent pas de l'exagération de la taxe actuelle. C'est cependant dans ces conditions qu'on voudrait porter cette taxe au chiffre de 200 fr.

On nous a parlé, dans la discussion générale, d'une enquête à laquelle il a été procédé en 1881, enquête qui a donné lieu à un rapport général de M. Pascal Duprat et en même temps à d'autres rapports spéciaux et annexes qui ont été publiés dans les documents parlementaires. J'aurais voulu que la commission du budget se reportât au texte même de cette enquête, qu'elle vît les questions qui ont été posées, les réponses qui y ont été faites; elle aurait pu consulter notamment un rapport de M. Caze, y voir que la question qui nous préoccupe actuellement avait été alors posée et résolue par les déposants.

Ainsi, je lis ceci, dans le rapport de M. Caze, sur les questions qui avaient été posées à toutes les sociétés particulières, à toutes les chambres de commerce, à toutes les chambres consultatives des arts et manufactures : « Peut-on augmenter les droits sur l'alcool pour dégrever ceux qui frappent les vins, cidres et bières ? »

La question ainsi posée dans l'enquête est bien celle qui est actuellement posée par la commission, celle qu'elle a résolue dans son paragraphe 3 de l'article 1er.

Voyons les réponses qui y ont été faites.

L'honorable rapporteur, M. Caze, fait le relevé de toutes les réponses données à cette question, et il constate, dans son rapport, qui porte le numéro 726 des impressions de l'année 1882, que 97 réponses ont été affirmatives, tandis que 217 ont été négatives. C'est-à-dire que sur l'ensemble de toutes les associations qui ont été consultées, il y en a 30 p. 100 qui ont fait une réponse favorable au projet présenté actuellement par la commission ; et, au contraire, 70 p. 100 qui se sont prononcées contre le projet. (Très bien ! très bien ! à droite).

J'aurais voulu qu'avant de vous faire des propositions, qui ont été ainsi appréciées dans l'enquête de 1881, la commission procédât elle-même à une enquête nouvelle, que l'on consultât, soit les conseils généraux, soit les chambres de commerce, soit les chambres d'agriculture. Mais, j'ai le regret de le dire, on. n'a consulté personne, sauf pourtant certaine association, qui, ayant son siège à Paris, ne connaît, du commerce des alcools, que celui qui est pratiqué à Paris, un commerce pratiqué dans des conditions toutes différentes de celles où il est placé dans les autres régions de la France.

Voilà une grave lacune dans le travail de la commission : elle ne nous apporte que son appréciation personnelle, appréciation qui a été démentie par l'enquête de 1881 et qu'elle n'a pas jugé à propos de faire vérifier à nouveau.

Eh bien ! je le dis, l'impôt serait mal accueilli, et avec raison, si la Chambre acceptait l'aggravation proposée. Le commerce verrait diminuer sa vente et, par conséquent, la consommation se ralentirait d'autant mieux que nous traversons une crise peu favorable à la consommation même des choses les plus utiles.

Qui en souffrira ? C'est le Trésor, dont les recouvrements seront moins considérables : c'est le commerce dont les affaires, déjà pénibles, subiront une baisse nouvelle. Voilà où vous en arriverez.

Je ne veux pas prolonger plus longtemps mes observations sur ce premier point, qui paraît acquis ; mais après le discours que vient de prononcer M. le commissaire du gouvernement, je me permettrai d'ajouter quelques réflexions relatives au mode de perception.

L'impôt, nous dit le projet, sera établi à la fabrication. M. le directeur général nous a signalé les difficultés considérables, au point de vue administratif, de ce mode de perception.

Voyons quels en sont les conséquences au point de vue commercial.

L'impôt étant établi à la fabrication, il en résultera que, lorsque l'alcool sera sorti de chez le producteur, il pourra circuler librement : plus d'acquit-à-caution, plus de laisser-passer, plus de recherches de la régie, l'alcool sera libre.

Je sais que M. le rapporteur général semble affirmer qu'il n'y a pas de fraudes possibles sur les alcools produits industriellement.

Dans les divers discours qu'il nous a faits, il nous a toujours signalé comme seuls fauteurs des fraudes, ces malheureux bouilleurs de crû qu'on a frappés hier.

Mais les arguments qu'il a donnés dans sa discussion démontrent, au contraire, que la fraude semble être tout particulièrement le fait des producteurs industriels de l'alcool!

En effet, voici les chiffres que j'ai relevés au cours de la discussion.

M. le rapporteur général nous a dit que la production avait été de 1,775,029 hectolitres et que la quantité atteinte par l'impôt, ainsi que celle perdue par les déchets naturels et l'évaporation, s'était élevée à 1 million 532,489 hectolitres ; il en concluait qu'il y avait une quantité de 242,540 hectolitres d'alcool échappant à l'impôt. Voilà la fraude, vous disait M. le rapporteur général. Les 242,000 hectolitres ont disparu, par suite de la fraude qui les a fait entrer dans la consommation, et de cette fraude, quel est l'artisan ? Les bouilleurs de cru ; toujours ces pauvres propriétaires, qui sont à ses yeux les coupables.

Mais les chiffres fournis par M. le rapporteur général lui ont été donnés par l'administration même des contributions indirectes ; et j'y trouve la preuve...

M. LE RAPPORTEUR GÉNÉRAL. — Ces chiffres ne m'ont pas été donnés, ils ont été publiés.

M. GANIVET. — Sans doute, ce n'est pas à vous personnellement qu'ils ont été donnés ; ils ont été livrés à tout le monde. Et c'est précisément pourquoi j'y trouve un autre chiffre, qui va prouver qu'il n'est pas possible que cette fraude provienne de la fabrication des bouilleurs de crû, mais au contraire, qu'une grande part, la plus grande part, en admettant votre raisonnement, doit en être mise à la charge de la production industrielle. (Très bien ! très bien) !

En effet, si je consulte les documents qui ont été publiés par l'administration des contributions indirectes, je constate que la production des alcools chez les bouilleurs n'a été que de 70 à 71,000 hectolitres. Je veux bien que les renseignements recueillis par la régie ne soient pas tous frappés au coin d'une parfaite exactitude, je veux bien qu'il s'y glisse quelques erreurs, mais je sais aussi que, conformément à ses habitudes, les erreurs de la régie ne pèchent pas par un excès de diminution dans ses appréciations, mais qu'elles pècheraient plutôt par l'exagération.

La régie a évalué, à l'aide de ses nombreux agents, que la production des alcools non industriels avait été de 71,000 hectolitres. J'accepte ce chiffre, je l'augmenterai même de 30,000, si vous voulez ; je trouve que, sur 242,000 hectolitres qui manquent, d'après les calculs de M. le rapporteur général, il y a encore une quantité de 172,000 hectolitres qui auraient échappé à l'impôt. D'où viennent ces 172,000 hectolitres ? Ils ne peuvent pas venir de chez les bouilleurs de crû : ils viennent des usines industrielles.

Voilà d'où part la grande fraude... (interruptions) et on pourrait le justifier en recherchant dans quels départements les procès-verbaux l'ont constatée. C'est toujours dans la région des usines que ces fraudes ont été relevées. Elles ne peuvent exister que là, parce que là seulement, on produit des quantités d'alcool suffisantes pour tromper le Trésor dans de pareilles proportions. (Très bien ! très bien ! à droite).

M. Lucien de la Ferrière. — Il n'y a que les industriels, qui y ont un intérêt suffisant, qui fassent de la fraude !

M. Ganivet. — J'ai supposé que la fraude existait du côté de la production industrielle ; je me demande comment le système de la commission va nous protéger à cet égard.

Il y aura une surveillance, une permanence établie dans chaque usine, dit la commission. Chaque jour, on constatera rigoureusement les quantités produites et les quantités expédiées à tels ou tels destinataires ; rien ne pourra échapper à l'œil de la régie.

Tel est son raisonnement ; raisonnement, selon moi, complètement inexact, car cette permanence dans la surveillance existe déjà dans les usines.

Est-ce que, par hasard, ce procédé de surveillance empêcherait la fraude dans l'avenir plus efficacement que par le passé ? La fraude, malgré l'énumération des moyens qu'elle emploie et dont l'énumération nous a été donnée par M. le rapporteur et complétée tout à l'heure par M. le directeur général, la fraude dispose de ressources infinies, et, quelle que soit l'habileté de la commission, elle ne peut pas prévoir tous les moyens auxquels les fraudeurs ont recours. La fraude sait échapper à la permanence, et elle emploie, à mesure que les difficultés deviennent plus considérables, des moyens de plus en plus ingénieux. Elle se développera davantage, et vous verrez alors quelles en seront les conséquences.

Lorsque l'alcool sera sorti de l'usine productrice et que le droit aura été établi, une fois les portes de l'établissement franchies, l'alcool circulera en toute liberté. La commission, il est vrai, prévoit deux moyens d'expédition : l'expédition avec les droits payés et l'expédition avec les droits cautionnés. Mais comment pourrez-vous distinguer, parmi les futailles circulant sur une route, l'alcool qui aura été libéré au comptant ou en obligations cautionnées de l'alcool qui n'aura pas été libéré, mais enlevé frauduleusement ? Vous ne distinguerez rien, et ce sera l'une des grandes difficultés de la répression de la fraude.

A un autre point de vue, croyez-vous que le système inauguré par la commission ne causera pas de graves embarras au commerce ?

La commission, je me permettrai de le lui dire, ne s'est pas rendu un compte exact de la manière dont le commerce des alcools est pratiqué; elle a pensé que l'alcool sortait de chez le fabricant pour passer chez le commerçant, qui le vendait immédiatement; de telle sorte que, d'une main, le distillateur aurait à payer l'impôt de 200 francs par hectolitre et, de l'autre main, il le recouvrerait en quelque sorte instantanément des mains d'un acheteur.

Mais le commerce des alcools ne se fait pas dans ces conditions; le négociant, qui opère sur les alcools, les garde dans ses magasins pendant très longtemps. Il y a des approvisionnements permanents et il faut même plusieurs années pour la préparation de ces alcools avant que n'arrive le moment de la livraison au consommateur. Pour faire le commerce des eaux-de-vie, — pour lesquelles vous n'accordez que deux moyens : ou le payement immédiat à la sortie, ou le payement cautionné dans un délai de six mois, — il faudra que le commerçant ait un capital d'avance quatre fois plus considérable que la somme qu'il emploie à l'acquisition de la marchandise. Vous arriverez de cette manière à ruiner le commerce.

A droite. — C'est la vérité ! très bien ! très bien !

M. GANIVET. — On vous l'a dit au cours de la discussion générale, vous voulez établir une féodalité alcoolique, vous allez rétablir les « barons de l'alcool » ! (Très bien ! très bien ! à droite.)

Parlant au nom de la démocratie, vous faites une loi aristocratique. Vous établissez un mode de perception de l'impôt qui fera disparaître tous les petits commerçants, pour ne pas même laisser subsister un grand nombre de gros commerçants ; il faudra alors abandonner tout ce commerce à de grandes sociétés financières. (Applaudissements à droite).

Vous faites un pas énorme dans la voie du monopole, car, le jour où quelques-uns seulement pourront être les détenteurs du commerce des alcools, parce que seuls, ils auront des capitaux suffisants, le moment ne sera pas éloigné où un seul viendra à en être le détenteur avec le monopole. Voilà à quel résultat vous nous conduisez, résultat antidémocratique et qu'une Chambre française ne saurait ratifier. (Très bien ! très bien ! à droite.)

On nous a parlé de l'enquête de 1881 et du rapport fait par l'honorable M. Pascal Duprat ; mais on a oublié de nous en donner lecture. Permettez moi, messieurs, de vous citer un passage de ce rapport, relatif à l'établissement de l'impôt à la fabrication :

« Quant à la liberté même de la circulation des alcools, les habitudes commerciales y sont le principal obstacle. En effet, le commerce n'aime pas à payer les droits d'avance, c'est-à-dire à l'enlèvement. Pour lui, l'alcool voyage toujours sous le couvert de l'acquit-à-caution ; il y ajoute, d'après les exigences de la régie, la garantie d'une caution personnelle qui se porte fort pour des sommes considérables, quelquefois 20,000 et même 40,000 francs. Or, dans le système actuel, la régie possède une autre garantie bien plus certaine, à ses yeux, que celle de la caution, c'est le gage matériel qu'elle ne perd pas de vue pendant tout le cours de ses pérégrinations...

« C'est, du reste, surtout en faveur du commerce, que s'impose la nécessité du gage primitif. L'industrie des alcools n'a que trop de tendance à se concentrer dans un petit nombre de mains privilégiées. Si donc, abandonnant le gage à la libre circulation, l'administration était obligée d'exiger, chez ses débiteurs, une solvabilité de premier ordre, ou l'acquittement à l'enlèvement, les plus grandes maisons pourraient seules satisfaire à ces conditions, et le commerce plus modeste, qui profite aujourd'hui des facilités accordées par le fisc, ne serait désormais qu'un agent secondaire aux ordres et à la merci du capital dominateur.

« C'est ce qui existe en Angleterre, où les grands fabricants s'accordent avec le fisc pour multiplier les difficultés des transactions et leur imposer des droits excessifs. »

Je ne crois pas, messieurs, qu'on puisse mieux apprécier les conséquences du système de la commission. Vous ne pouvez pas l'appliquer, car nous ne sommes pas en Angleterre, où l'on voit les grands fabricants opprimer les petits commerçants : nous sommes en France, où il y a pour tous liberté et égalité ! (Applaudissements à droite).

TABLE DES MATIÈRES

Angoulême. — Imp. ROUSSAUD, rue Tison d'Argence, 3.